AF527802

क्या कहती हैं
हाथ की रेखाएं

लेखिका का परिचय

यूं तो आज हस्तरेखाँओं के बहुत से जानकार आपको मिल जायगें लेकिन सचमुच हस्तरेखा विशेषज्ञ होना और बात्त है। महिला हस्तरेखा विशेषज्ञों के नाम तो शायद ही अपने कभी सुनें हो।

इस पुस्तक की लेखिका सुश्री भारती आनन्द हाथ की रेखाओं की ऐसी जानकार हैं जिनके सामने आपका हाथ आते ही मानों आइना हो जाता है। दिल्ली में जन्मी और यहीं की निवासी सुश्री भारती आनन्द के सामने आपके हाथ की रेखाओं का गुंजल तुरंत ही सुलझकर सामने आ जाता है।

हाथों की लकीरों में छिपी तकदीरों का बयान करने का इनका तरीका दिल्ली ही नहीं, आसपास के राज्यों के लोगों को भी प्रभावित कर चुका है। इनमें आम आदमी से लेकर पुलिस व प्रशासनिक अधिकारी तथा राजनीति से जुड़े अनेक लोग भी शामिल हैं।

इनके लेखन की खासियत यह है कि इनकी भाषा व शैली इतनी सरल है कि साधारण से साधारण पढा–लिखा व्यक्ति भी इसे आसानी से समझ सकता है।

आने वाले समय में भारती जी अनेक ऐसे विषयों पर लिखने जा रही हैं जो अभी तक अनछुए हैं व जिनका सबंध हमारे रोज़मर्रा के जीवन से है।

क्या कहती हैं हाथ की रेखाएं

भारती आनंद

कॉन्सेप्ट पब्लिशिंग कम्पनी, नई दिल्ली–110059

All rights reserved. No part of this work may be reproduced, stored in a retrieval system, or transmitted in any form or by any means, electronic, mechanical, photocopying, microfilming, recording or otherwise, without the prior written permission of the copyright owner and the publisher.

ISBN 81-7022--966-9

प्रथम संस्करण 2002

© भारती आनंद

प्रकाशक एवं मुद्रक:
अशोक कुमार मित्तल
कॉन्सेप्ट पब्लिशिंग कम्पनी
A/15-16, कमर्शियल ब्लॉक, मोहन गार्डन
नई दिल्ली–110059
फोन: 5648039, 5649024
फैक्स: 091–11–5648053
ई–मेल: publishing@conceptpub.com

KYA KAHTI HAIN HAATH KI REKHAYAIN

आभार

इस पुस्तक को लिखने में, मैं उन सभी लोगों का आभार प्रकट करना चाहती हूँ जिन्होंने मेरी पहली पुस्तक ''हस्त रेखाओं में आपका भविष्य'' को सराहा और एक–एक हस्त रेखा के बारे में जानने के लिए अपनी उत्सुकता दिखाई व उन लोगों का भी सहृदय धन्यवाद करती हूँ, जिन्होंने लगातार पत्र व्यवहार करके मेरा समय–समय पर हौंसला बढ़ाया। और विभिन्न प्रकार के विषयों पर जैसे–''क्या कहती हैं हाथ की रेखाएँ, हस्त रेखाएं व अपराधिक प्रवत्तियां, हस्त रेखाएँ व गृहस्थ जीवन जैसे नाजुक विषयों पर लिखने को प्रेरित किया, जिससे वह भली भांती इन विषयों की गहराई में उतर सकें।

एवम् उन सभी ज्योतिषियों का भी आभार प्रकट करना चाहती हूँ। जिन्होंने समय–समय पर आयोजन (Camps) लगाकर इस विद्या को प्रोत्साहित किया तथा मुझे अवार्डों से सम्मानित कर हस्त रेखाओं के विषय पर जानना चाहा। और परिवार जन व अपने इष्ट को कोटी–कोटी धन्यवाद देती हूँ, जिन्होंने मुझे इस काबिल बनाया कि मैं इस पुस्तक को लिख पाऊं, जिससे अन्य लोग भी लाभान्वित हो सकें।

भारती आनंद

लेखिका की पहली पुस्तक

हस्त रेखाओं में आपका भविष्य

मूल्य – 120 रु

हस्तरेखा प्रेमियों के लिए अनमोल ज्ञान का खजाना लिए हुए यह एक सर्वश्रेष्ठ एवं बेजोड़ पुस्तक है इसे हर उम्र के लोगों ने सराहा है। इस पुस्तक में आम जीवन से जुड़े हर पहलु पर प्रकाश डाला गया है जैसे, राजयोग, विदेश यात्रा, प्रेम भावना, अनियमित रोजगार, दोस्ती किन से की जाए आदि।

इस पुस्तक में कलर चित्र भी दिए गये हैं, जिससे हस्तरेखाओं को सरलता से समझा जा सके।

कुछ शब्द (अपनी बात)

हस्त रेखाओं का अध्ययन करने की कला प्राचीन काल से चली आ रही है, और मनुष्य इसकी सार्थकता को अब पूर्ण रूप से समझ चुका है और स्वयं हस्त रेखा शास्त्र का अध्ययन करने के लिए किसी अच्छी पुस्तक या गुरु की शरण लेना अति आवश्यक है जिज्ञासिओं की बढ़ती संख्या और उनके मन में हस्तरेखाओं को पढ़ने की जिज्ञासा, व मेरी पहली पुस्तक 'हस्त रेखाओं में आपका भविष्य, के प्रति बढ़ती मांग सराहना और अधिक जिज्ञासुओं के जानने की उत्सुकता ने मुझे ''क्या कहती है हाथ की रेखाएं'' लिखने पर प्रेरित किया, और इस ज्ञान रूपी मोतियों की मैंने एक माला के रूप में आपके लिए पिरो दिया।

और मैं आपको आश्वासन दे रही हूं कि इस किताब को भली भांति समझ कर आप हस्त रेखाओं की गहराइयों के बारे में जान पाएंगे जो साधारण किताबों में नहीं दी जाती हैं, इस पुस्तक में मैनें एक–एक रेखा का विश्लेषण किया है। बस जरूरत है आपकी निष्ठा व लगन की। इस पुस्तक का अध्ययन करने के बाद सचमुच पायेंगे कि हस्त रेखा ज्ञान ईश्वर का दिया हुआ एक विचित्र व अद्‌भुत रहस्य हैं आप जितनी इसकी गहराई में जायेंगे उतने ही अपने व दूसरों के जीवन की गुत्थियों को सुलझा पायेंगे।

मेरा पाठकों से निवेदन है कि इस विषय पर आप कोई सहयोग या परामर्श देना चाहें तो निस्कोंच होकर लिखें। मैं चाहती हूं कि मेरी पहली पुस्तक की तरह यह 'पुस्तक' भी अपनी उत्कृष्ट चमक व ज्ञान जिज्ञासुओं को बिखेरती रहे।

सुश्री भारती आनंद

रोड नं0.1, बंगला नं0 28,

ईस्ट पंजाबी बाग, नई दिल्ली–110026

फोन: 5101164

विषय क्रम

1

हस्तरेखाओं का महत्व व इतिहास

इतिहासकारों के अनुसार हस्तरेखाओं का अस्तित्व तीन हजार वर्ष पूर्व आया। तभी से इसका महत्व धीरे-धीरे बढ़ने लगा। पर ईसा से पाँचवीं सदी के पूर्व तक हस्तरेखाओं पर कोई ग्रन्थ, किसी भी भाषा में प्रकाशित नहीं हुआ था। विदेशों में इसके प्रति काफी रुचि रही पर सही शोध न होने की वजह से इस पर कई देशों ने प्रतिबन्ध लगा रखा था।

हस्तरेखाओं को देखने की घटनाएं या हस्तरेखाओं का इतिहास कब शुरू हुआ? संसार में कब किसने किसका हाथ सबसे पहले देखा। यह परम्परा अपने देश में शुरू हुई या विदेश में? कौन-कौन इसके आचार्य हुए? इस विषय पर पूरा अभाव ही रहा। जबकि हस्तरेखा के जिज्ञासु इस विषय पर अवश्य जानना चाहेंगे।

प्राचीन शास्त्रों में हस्तरेखा से सम्बन्धित रोचक संदर्भ आता है- पर्वतराज हिमालय की पुत्री गिरिजा के विवाह का प्रसंग। पर्वतराज की पुत्री गिरिजा विवाह योग्य हो चली थी। मां उसकी बड़ी चिन्ता करती है। इसी दौरान महर्षि नारद प्रकट होते हैं एवं राजा हिमालय की पुत्री गिरिजा का हाथ देखकर उसके भावी पति की विशेषताओं का वर्णन करते हुये कहते हैं कि 'योगी-जटाधारी, निष्काम हृदय, नंगा और अमंगल वेष वाला, ऐसा पति इसको मिलेगा। इसके हाथ में ऐसी ही रेखा, पड़ी हैं।''

इससे स्पष्ट प्रमाणित होता है कि पौराणिक-काल में हस्तरेखाओं को देखने का प्रचलन भारत में प्रचलित था। पौराणिक काल से पूर्व वैदिक

काल रहा। वेद संसार की प्राचीनतम पुस्तक मानी गई है। वेद में हमें एक ऋचा प्राप्त होती है।

''कृत दक्षिण–हस्ते, जयो में सन्य आहितः।''

अथर्ववेद – 752.8

अर्थात् मेरे दांयें हाथ में पुरुषार्थ (वर्तमान है) तथा बायें हाथ में विजय (भूतकाल) है। भारतीय संस्कृति–सभ्यता के आदि ग्रन्थ वेद की उक्ति कितनी सही व सार्थक है। आज भी हस्तरेखा शास्त्र के वैज्ञानिक पाश्चात्य अध्येता यह कहते हैं।

"Your present and Future in right and past lies in left, Honour and richness in left, Bright future in right."

मानव जाति के दोनों हाथों में अन्तर है वेद कहता है–दाहिना हाथ कर्म का है और बायां हाथ जन्म का ''बाइबल में एक जगह लिखा है–''तुम्हारा दायां हाथ जो देता है उसे बायां न जानने पाये।''

बाइबल के ओल्ड टेस्टामेंट (JOB) में एक जगह लिखा है–

''ईश्वर ने हाथों पर इसलिये चिन्ह अंकित कर दिये कि मानव की संतान अपने को पहचान सके।

यह भी कहा जाता है कि हस्तरेखा विज्ञान समुद्र ऋषि द्वारा रचित सामुद्रिक शास्त्र का एक अविभाज्य अंग है।

कुछ इतिहासकारों के अनुसार उन्नीसवीं शताब्दी के साथ ही साथ वैज्ञानिक युग का आरम्भ हुआ और इस विद्या को विज्ञान की कसौटी पर कसा गया। सन् 1853 ई0 में पाश्चात्य विद्वान मेसीनर ने इस बात को सिद्ध कर दिखाया कि हाथ में कुछ ऐसे परमाणु होते हैं, जो हथेली की लाल रेख्राओं के साथ स्पष्ट रूप में चलते हैं। इसके बाद उसने यह भी प्रमाणित कर दिया कि इन परमाणुओं का संबंध उन शिराओं या नाड़ियों से होता है जो हमारे मस्तिष्क से नीचे की ओर आती हैं। शरीर के जीवनकाल में इन परमाणुओं में एक विशेष प्रकार का कंपन और आन्दोलन उत्पन्न होता रहता है। यह कम्पन जो कि शरीर के भाग में कोई परिवर्तन होने से स्वयं भी बदल जाता है और शरीर की मृत अवस्था में अनायास शांत हो जाता है, प्रत्येक मनुष्य के शरीर में भिन्न प्रकार का होता है।

मस्तिष्क में जो शुभ या अशुभ विचार उठते हैं तत्काल उनका प्रभाव हमारे हाथों पर पड़ता है और हाथों में बारीक महीन रेखाएं उभर आती हैं। या बीमारी होने पर धब्बे से आ जाते हैं। यह बात अब सिद्ध हो चुकी है। 19वीं शताब्दी में हस्तरेखा शास्त्र पर कँई पुस्तकें लिखी गई। इस युग को हस्तरेखाओं का स्वर्ण युग कहा जाये तो गलत न होगा। इस काल में कँई दिग्गज पैदा हुए। जिन्होंने इसे घर–घर तक पहुंचा दिया और लोगों को हस्त रेखा ज्ञान के प्रति उत्सुक कर दिया। इस काल में डेबसरोल्लस (Desbarrolles) द्वारा लिखित "Les Mysteres de la main" ग्रन्थ (1801–1883) में प्रकाशित हुआ जिसकी भाषा फ्रेंच रही।। जार्ज विलियम बेन्हाम (William G. Benham) अमरीका के प्रसिद्ध हस्तरेखा शास्त्री रहे–जिन्होंने सन् 1900 में अपनी पुस्तक The Language of Scientific Hand Reading-''दी लैंग्वेज ऑफ साइन्टिफिक हैन्ड रीडिंग लिखी–जिससे अमरीका में खलबली मच गई। कई भाषाओं में इसका अनुवाद हुआ। इसके अतिरिक्त सेन्ट डी. जेरमिन (Saint D. Germain) ने 1898 में, ''हैन्ड बुक ऑफ पामिस्ट्री'' व ''प्रेक्टिीकल पामिस्ट्री'' आदि किताबें लिखी।

प्रोफेसर कीरो (Cheiro) के योगदान को कौन नहीं जानता। यह आठ वर्ष भारत में रहे और अपने द्वारा रचित हस्त रेखाशास्त्र को भारत व अन्य कई देशों में पहुंचा कर इस साहित्य की सेवा की।

इसके अलावा अन्य कई पुस्तकें अंग्रेज़ी में जो इस काल में आई, जैसे– ऐन्टी पामिस्ट्री बिल (लंदन)

द बुक ऑफ पामिस्ट्री (न्यूयार्क) 1974
द स्टडी ऑफ पामिस्ट्री (लंदन) 1897
प्रैक्टीकल पामिस्ट्री (लंदन) 1980
पाम रीडिंग मेड ईज़ी (न्यूयार्क) 1971
द बुक ऑफ दी हैन्ड (दिल्ली) 1974
आदि
सामुद्रिक दीपिका 1900–1960 (मध्यप्रदेश)
अग्निपुराण–पौराणिक काल (200–300)

करतल रहस्य–दिल्ली (1979)

गरूड़पुराण–ईसा पूर्व पांचवीं सदी

वृहद् विशाल–दिल्ली (1900–1995)

सामुद्रिक विज्ञान

वृहद् हस्त रेखा (1995) दिल्ली

हस्तरेखा और (1900) भविष्य ज्ञान – दिल्ली

आदि कई पुस्तके प्रकाशित हुईं। इससे न केवल सीखने वाले अपितु सिखाने वालों ने भी लाभ उठाया।

2
हाथ देखने के नियम

प्रकृति सारी सृष्टि नियमानुसार चलाती है, समय पर सूर्य उदय, समय पर अस्त, समय पर रात–दिन ये नियम न हो तो ये सारी व्यवस्था चरमरा जाए। ठीक इसी प्रकार हाथ देखने के भी कुछ नियम होते हैं अगर नियम न हों तो हस्त–रेखा विद् का कार्य भी गड़बड़ा सा जाएगा। प्रस्तुत है हाथ देखने के आवश्यक नियम–

1. इसके लिए उपयुक्त प्रकाश व्यवस्था का होना।

2. हाथ देखते समय सबसे पहले हाथों के आकार का निरीक्षण करना, जैसे उसकी मोटाई, लम्बाई, रंग व झुकाव।

3. उसके बाद जैसा कि पुस्तक में मैंने हाथ की बनावट के बारे में बताया है कि हाथ सात प्रकार के होते हैं। इन सभी हाथों की बनावट को मद्देनजर रखना है कि ये चमसाकार है, समकोण है, छोटा है, बड़ा है आदि।

4. तत्पश्चात् अंगुलियों और अंगूठे की बनावट जैसे उसकी लम्बाई, मोटाई, चौड़ापन, छोटा, बड़ा, आगे की तरफ झुका हुआ या पीछे की तरफ झुका हुआ। नरम, सख्त व टोपाकार।

5. ये सब निर्णय लेने के बाद जीवन–रेखा के विषय में जैसी मोटी, द्वीप से युक्त साफ या अधूरी है। इसका उद्गम थल कहां से है।

6. मस्तिष्क–रेखा–इसका आकार, प्रकार, लम्बाई या अन्त किस प्रकार हो रहा है।

7. फिर भाग्य–रेखा भी ठीक इसी प्रकार से इसकी मोटाई, गहराई, पतलापन, अधूरापन, मस्तिष्क पर झुकी या हृदय–रेखा पर अन्त या सीधे शनि पर अन्त।

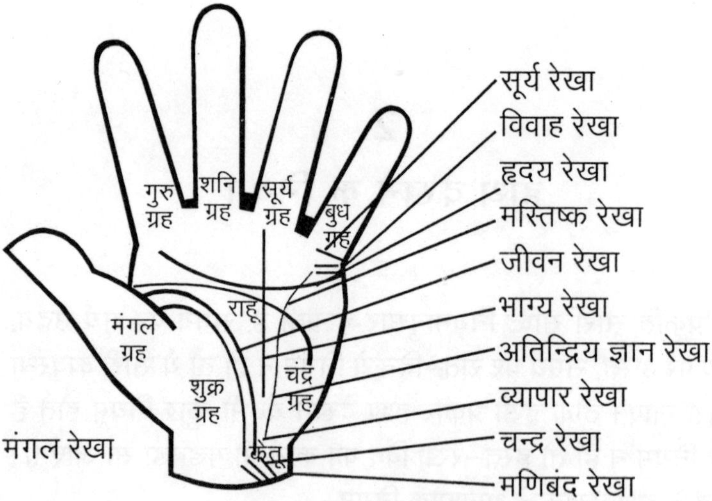

हथेली में ग्रह व रेखाओं का परिचय

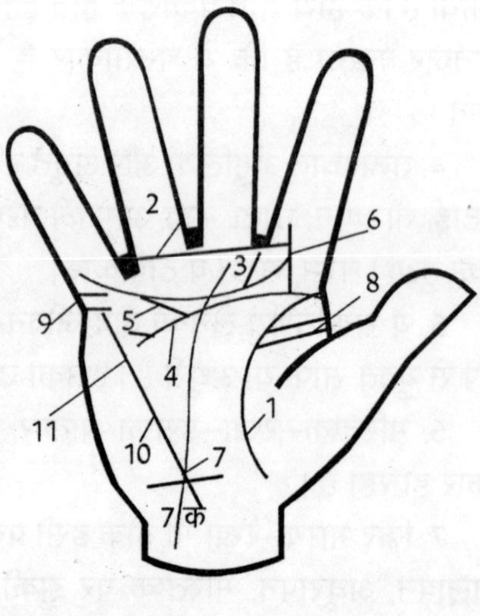

1. अधूरी जीवन रेखा (रेखाओं का परिचय)
2. शनि व सूर्य की अंगुलियों के आधार बराबर
3. हृदय रेखा शाखान्वित
4. शाखान्वित मस्तिष्क रेखा
5. हृदय रेखा से शाखा मस्तिष्क तक
6. जीवन रेखा से एक शाखा गुरु पर्वत पर
7. अतिनद्रिय ज्ञान रेखा (7 क)
8. राहू रेखा
9. विवाह रेखा
10. स्वास्थ्य रेखा
11. व्यापार रेखा

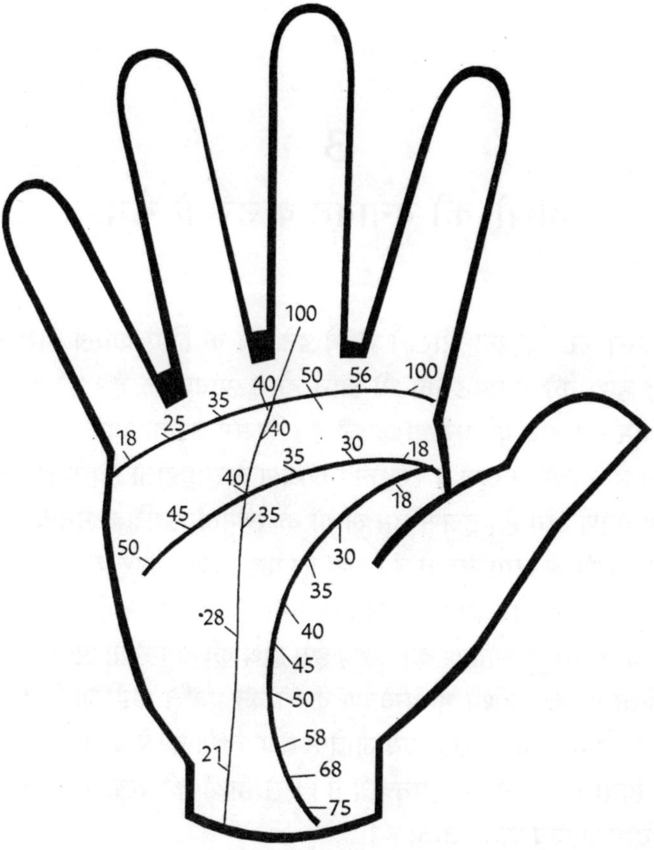

हाथों में आयु का हिसाब

8. इसके अतिरिक्त अन्य छोटी रेखाएं जैसे सूर्य–रेखा, चंद्र–रेखा, विवाह–रेखा, मंगल–रेखा, बुध–रेखा, बृहस्पति मुद्रिका, शनि मुद्रिका, सूर्य मुद्रिका, शुक्र मुद्रिका, तिल, त्रिकोण, जाली, चतुष्कोण, मणिबंध रेखाएं व हाथों के धब्बे।

9. ग्रहों के बिना भी ये ज्ञान अधूरा है इसलिए ग्रहों की स्थिति का जाने बिना भी फलादेश करना गलत होगा। इसके लिए हमें देखना होगा कि कौन सा ग्रह उन्नत है, दबा है, इसकी स्थिति कहां हैं।

तत्पश्चात् हाथ देखने का कार्य अपने इष्ट को याद करके शुरू करें।

3

हाथों की बनावट व उसके भेद

हस्त रेखाओं को सीखने या देखने का के लिए केवल हाथ नहीं अपितु हाथ की बनावट का भी ज्ञान होना आवश्यक है। इसके लिए सर्वप्रथम हमें हाथ की परीक्षा करनी है। जिसमें उसके आकार, बनावट, अंगुलियों, त्वचा, नाखून व रंग का निरीक्षण करना होता है। ये इस ज्ञान के महत्वपूर्ण अंग हैं। इससे हम लोगों के स्वभाव, आर्थिक मनोदशा का पता आसानी से लगा सकते हैं। हाथ मुख्यतः सात प्रकार के होते हैं।

1. चमसाकार हाथ– जैसाकि नाम से ही जाहिर है। चमसाकार यानि की चमचे के आकार का हाथ। इस हाथ की अंगुलियां आगे से फैली हुई होती हैं। इन हाथों में अन्वेषण करने की प्रवृत्ति पाई जाती है। इन हाथों की अंगुलियों में छिद्र पाये जाते हैं तथा हाथों पर रेखाओं का सम्पूर्ण जाल होता है। ये धीरे–2 पनपती हैं। ऐसे हाथों की रेखाओं में कोई न कोई दोष अवश्य पाया जाता है।

ऐसे लोगों में व्यावहारिकता बहुत होती है। अपनी मनमर्जी करने वाले किसी की बात बर्दाश्त न करने वाले होते हैं। हमने अपने अनुभव से पाया है कि ऐसे व्यक्तियों के जीवन में बड़ी अजीब–2 घटनाएं होती हैं। ऐसे लोगों का जीवन अपने ही बलबूते पर बनता है।

एक से अनेक कार्यों की इन्हें जानकारी होती है। ये प्रत्येक विषय पर थोड़ा बहुत काम करना चाहते हैं। ऐसे लोगों को अवसर तो बहुत मिलते हैं किन्तु यह उनका पूर्णतया लाभ नहीं उठा पाते हैं। ये लोग बहुत ही लापरवाह किस्म के होते हैं।

चमसाकार हाथ वालों की सबसे नहीं निभती है। इनकी रिश्तेदारों से भी थोड़ी–सी अनबन रहती है। जैसे–2 उम्र बढ़ती है ये तरक्की करते

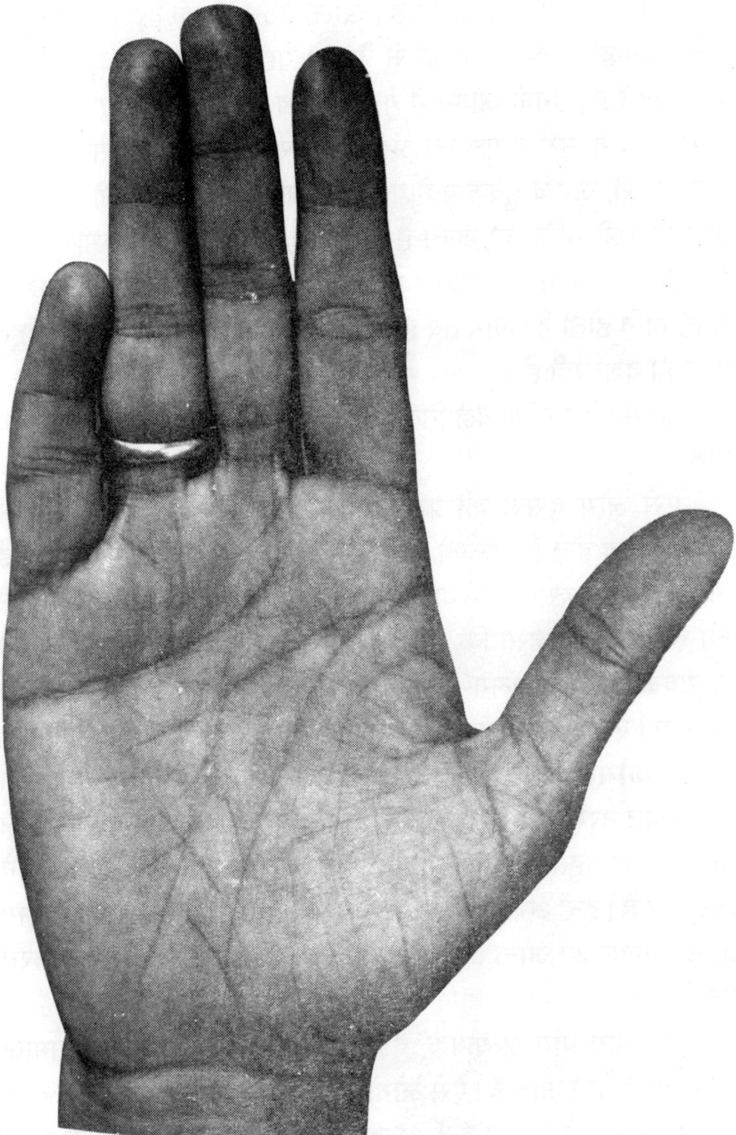

चमसाकार हाथ

जाते हैं। इन्हें नए–2 काम करने का शौक होता है तथा ऐसे लोग कई प्रकार की खोज भी कर डालते हैं। खाली बैठना इनके बस की बात नहीं होती। इनके स्वभाव की वजह से बैठे–2 यह लोग कुछ न कुछ करतब करते रहते हैं। इनके जीवन में गृहस्थ सुख का आभाव रहता है। अगर इनके हाथ में सूर्य व गुरु की अंगुली ऊपर की तरफ से बराबर हो तो इन्हें शायरी, जुए व तुक्काबंदी करने का शौक होता है। कभी–2 इनके साथ वैसा ही घटित हो जाता है जैसा कि वह सोचते हैं। कभी–2 जुए से इन्हें लाभ भी होता है। अगर गुरु की अंगुली सूर्य की अंगुली से छोटी हो तो हानि होती है। लाभ तब ही हो सकता है जब हाथ की रेखाएं बहुत खास ही दर्शा रही हो।

अक्सर ऐसे लोग, वैज्ञानिक, खोजकर्ता, ज्योतिष या पुलिस में पाये जाते हैं।

ऐसे लोग दूसरों की प्रशंसा कम तथा अपनी प्रशसां सुनने में अधिक व्यस्त होते हैं। इनकी संतान भी शुरू से ही तेज स्वभाव की पाई जाती है तथा अक्सर लापरवाह होती है संतान के विचार मां और बाप से कम ही मिलते हैं जैसा कि स्वयं इनके साथ भी होता है। या यूं कहिये कि सबकी खिचड़ी अलग–2 पकती है, चाहे आपस में इनको प्रेम–भाव रहता हो। ऐसे लोगों के साथ मेल–जोल रखने से कोई हानि नहीं होती।

2. कोमल या नरम हाथ–जैसा कि नाम से ही जाहिर है कोमल हाथ अर्थात् नरम हाथ जो दिखने में कोमल होते हैं। इनका मन भी कोमल होता है। यह बहुत ही भावुक होते हैं ऐसे लोग प्रायः बौद्धिक कार्य करने वाले होते हैं। इन्हें अपने जीवन में बहुत ही लाभ होते हैं जैसे लाटरी लग जाना, उपहार आ जाना आदि। अनजाने में भी लोग इनकी मदद करते देखे गये हैं।

ऐसे लोग प्राय अध्यापक, वैज्ञानिक, फिल्मकार, निर्माता, समाज सेवक आदि देखे जाते हैं। ऐसे लोगों का स्वास्थ्य नाजुक रहता है। कोई ना कोई छोटा मोटा रोग इन्हें अवश्य लगा रहता है। यह स्वास्थ्य की बहुत अधिक चिन्ता करने वाले होते हैं। अगर भाग्यरेखा हाथ में एक से अधिक हो तो दान–पुण्य भी अवश्य करते हैं।

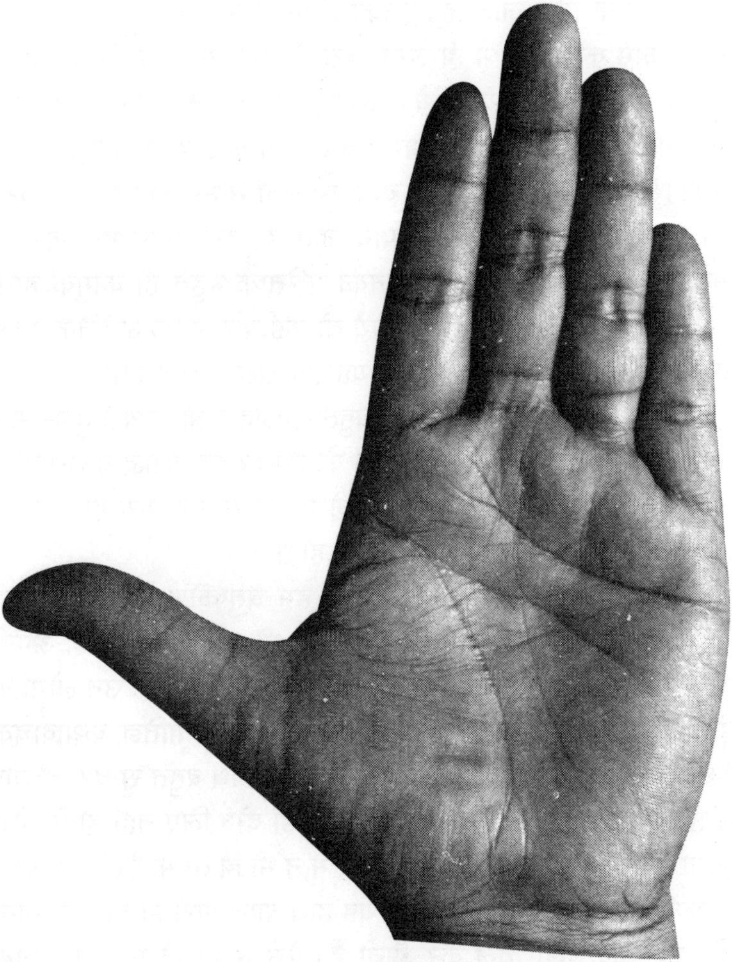

कोमल या नरम हाथ

कोमल हाथ वाले यदि साथ में भारी हाथ भी रखते हो, तो उनका जन्म प्रतिष्ठित व धनी परिवार में होता है। जन्म से ही सभी सुख–सुविधाएं इन्हें मिल जाती हैं। इनका जीवन दूसरों को खुश करने तथा अपने काम को बढ़ाने में ही लगा रहता है ऐसे लोग एक साथ कई–2 व्यवसाय करते देखे गये हैं। ये अक्सर मानसिक तनाव में देखे जाते हैं। इन्हें अपनी तरफ से लड़ाई–झगड़े करने का कोई शौक नहीं होता है। अगर सिर पर पड़ ही जाए तो ये बड़ी कुशलता से उसका मुकाबला करते हैं। ये लोग दिमाग से भी तेज पाये जाते हैं। इन्हें अपने भले–बुरे की समझ अच्छी खासी होती है। इनका मस्तिष्क बहुत ही कामुक होता है–अगर भाग्यरेखा में द्वीप बन जाये तो कई बार अनेक अनैतिक संबंध भी बन जाते हैं और ये चाह कर भी यह सब खत्म नहीं कर पाते हैं।

नरम हाथ वालों की संतान भी बहुत समझदार और सबसे घुल–मिल जाने वाली होती है। नरम हाथ वालों के संबंध बहुत प्रसिद्ध व सम्मानित लोगों के साथ होते हैं। ऐसे लोगों को पाकर समाज धन्य हो जाता है अगर अन्य रेखाओं में कोई बड़ा दोष न हो तो।

3. वर्गाकार हाथ–इस हाथ को हम चतुष्कोण व्यावसायिक या समकोण हाथ भी कह सकते हैं। ये हाथ भी अपने नाम से ही अपनी आकृति दर्शा रहा है अर्थात् वर्ग जैसा हाथ। ऐसे हाथ प्रायः उन लोगों के होते हैं। जैसे डॉक्टर, वकील, जज, उद्योगपति, राजनीतिज्ञ, कथावाचक अर्थात् बहुत सम्मानित व्यक्ति। ऐसे लोगों के हाथ बहुत सुन्दर, चौकोर व सभी रेखाएं साफ सुथरी या कोई भी बड़ा दोष लिए नहीं होती। ऐसे लोगों का जन्म अगर प्रतिष्ठित परिवार में न भी हो तो भी ऐसे लोग बहुत तरक्की करने वाले होते हैं। अगर यह हाथ बहुत भारी हो तो जैसे मानों तरक्की इनके लिए चल कर आती है। ऐसे लोगों के एक से अधिक व्यवसाय होते हैं।

ऐसे लोग बहुत ही चतुर मस्तिष्क के व धनी होते हैं। इन्हें अपने परिवार का बहुत अधिक योगदान मिलता है। इनकी पत्नी भी इन्हें सहयोग देती है। अगर ऐसे लोग पार्टनरशिप' में काम करते हैं तो अक्सर देखा गया कि पार्टनर इन्हें अच्छे ही मिलते हैं। इनके जीवन का अधिकाश

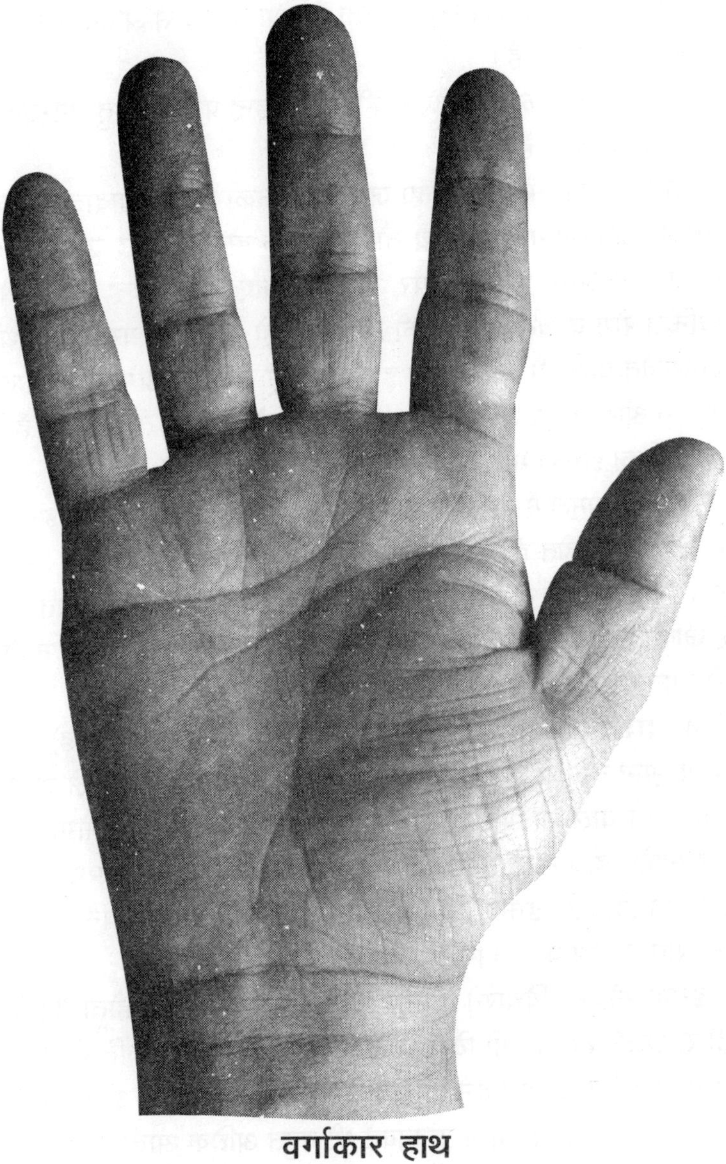

वर्गाकार हाथ

समय अच्छा बीतता है। कभी–कभी इनका दिया हुआ उधार डूब भी जाता है। इन्हें सम्पत्ति से विशेष लगाव होता है तथा ये एक से अधिक सम्पत्ति का निर्माण भी करते हैं।

इनके जीवन के ठाठ निराले ही होते हैं इन्हें प्रत्येक वस्तु 'स्टैन्डर्ड' की ही चाहिये होती है।

रोग के विषय में अगर कहा जाये तो, इनका शरीर ज्यादातर ठीक रहता है। अगर बीमार हो जाये तो इन्हें ठीक होने में अच्छे खासे दिन लग जाते हैं अगर शुक्र ग्रह पर अधिक रेखाएं हो तो इन्हें 'दिल' से सम्बन्धित रोग व 'बल्ड प्रेशर' की शिक़ायत हो जाती है। वर्गाकार हाथ वाले व्यक्ति बहुत ही स्वाभिमानी होते हैं। ऐसे लोग़ को अगर कोई बात पसन्द न आये तो, ये अपना नुकसान उठाने के लिए भी तैयार रहते हैं। इन्हें व्यर्थ का झगड़ा मोल लेने का शौक नहीं होता।

पैसों के मामलें में यह बहुत ही समझदार होते हैं तथा सोच–समझकर खर्च करने वाले होते हैं। इन्हें फालतू खर्च करना पसंद नहीं होता। अगर भाग्यरेखाएँ अधिक हों तो यथासंभव दान पुण्य व दूसरों की मदद भी करते हैं। इन्हें जीवन में प्राय सभी प्रकार के सुख मिलते हैं। अगर रेखाओं में दोष न हो तो ये अपने साथ–2 कुटम्ब को भी तारने वाले होते हैं।

4. दार्शनिक हाथ–दार्शनिक हाथ अर्थात् (फिलोस्फर हैन्ड) यह हाथ भी अपने नाम से ही परिभाषित हो रहा है। दार्शनिक हाथ वाले यानि चिन्ता करने वाले या अधिक सोच–विचार करने वाले। ऐसे लोगों का हाथ समकोण हाथ से बहुत मिलता–जुलता होता है इनमें अंगुलियां लम्बी व सटी हुई होती हैं। इनका जीवन संघर्षमयी होता है। इन्हें अपने जीवन के उत्तरार्ध में ही सफलता मिलती है।

इनके सोचने–विचारने काम करने का अपना ही ढंग होता है। ये छोटी से छोटी बात को भी दिल से लगा लेते हैं। इनको प्रकृति से प्यार होता है। यह निष्पक्ष राय देने वाले व अपने कार्य को देर से अंजाम देने वाले होते हैं। इनके कार्यों में रूकावटें भी बहुत अधिक आती हैं। परन्तु एक बार अगर काम शुरू हो जाता है तो फिर ज्यादा परेशानी नहीं आती। ऐसे व्यक्तियों की सोच अन्य लोगों से अलग होती है। यह क्या क्यों में

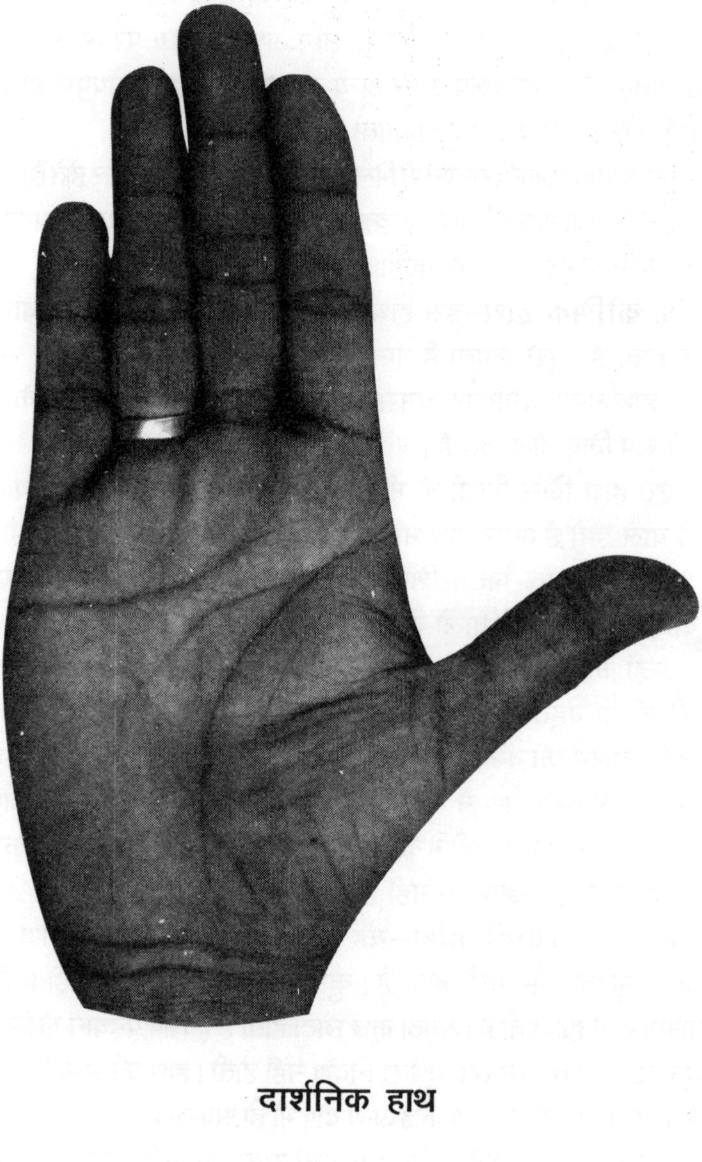

दार्शनिक हाथ

बहुत उलझे रहते हैं।

अगर चंद्र व शुक्र पर्वत उठे हुए हों तथा व अन्तर्ज्ञान रेखा हो तो सोचने की हद ही हो जाती है। ऐसे लोग अपने दिमाग पर अंकुश नहीं लगा पाते। परिणामस्वरूप अगर अन्य लक्षण में भी हाथ दोषपूर्ण हो तो दिमागी खराबी भी कई बार हो जाती है।

इनके विचार अपनी सन्तान से भिन्न होते हैं हालांकि ये मिलनसार होते हैं।

इनका स्वास्थ्य भी बहुत अच्छा नहीं रहता। पर ये हाथ की प्रकृति के ऊपर भी निर्भर करता है कि हाथ छूने में कैसा है।

5. कोणिक हाथ—इस हाथ में अंगुलियों का झुकाव अंगूठे वाली तरफ होता है। ऐसे लगता है मानो अंगुलियां अंगूठे की तरफ गिर रही हो। ये हाथ नरम, वर्गाकार, चमसाकार, आर्दशवादी या दार्शनिक किसी का भी रूप लिए हो सकते हैं।

ऐसे हाथ जिस किसी के भी हों, वह अपने जीवन में बहुत तरक्की करने वाले होते हैं अगर हाथ भारी हो तो। यह मस्तिष्क के धनी भी होते हैं। ऐसे लोग अक्सर 'पार्टनरशिप', में काम करते हैं। बड़े–2 उद्योगपतियों, या बौद्धिक कार्य करने वालों के हाथ भी इसी प्रकार के पाये जाते हैं।

इन्हीं की तरह इनकी संतान भी बहुत तेज़ होती है। अगर अंगुलियां पतली हों तो बहुत ही समझदार होते हैं। कई बार नाहक ही बाल की खाल निकालने की वजह से ये अपने साथ–2 दूसरों को भी परेशान कर देते हैं। अगर इसी हाथ में मस्तिष्क रेखा मंगल से मंगल तक तथा हाथ पतला या काला हो तो 'क्रीमिनल' भी होते हैं। ऐसे लोग किसी भी प्रकार का कार्य करते हुए झिझकते नहीं हैं।

6. आदर्शवादी हाथ—यह हाथ कुछ–2 वर्गाकार हाथ से मिलता–जुलता और भारी होता है। कुछ वर्ग सी आकृति लिए होता है। अंगुलियां सटी हुई होती हैं। अंगूठा कुछ छोटा होता है (विशेष पहचान के लिए) जीवन रेखा व मस्तिष्क रेखा पूर्णताः निर्दोष नहीं होती। हाथ की अन्य रेखाओं में जैसे भाग्य रेखा में द्वीप, या कोई अन्य दोष भी हो सकता है।

ऐसे हाथ वाले व्यक्ति जीवन में अन्त समय के करीब बहुत तरक्की करने वाले होते हैं। ऐसे लोगों का जीवन संघर्षमय होता है।

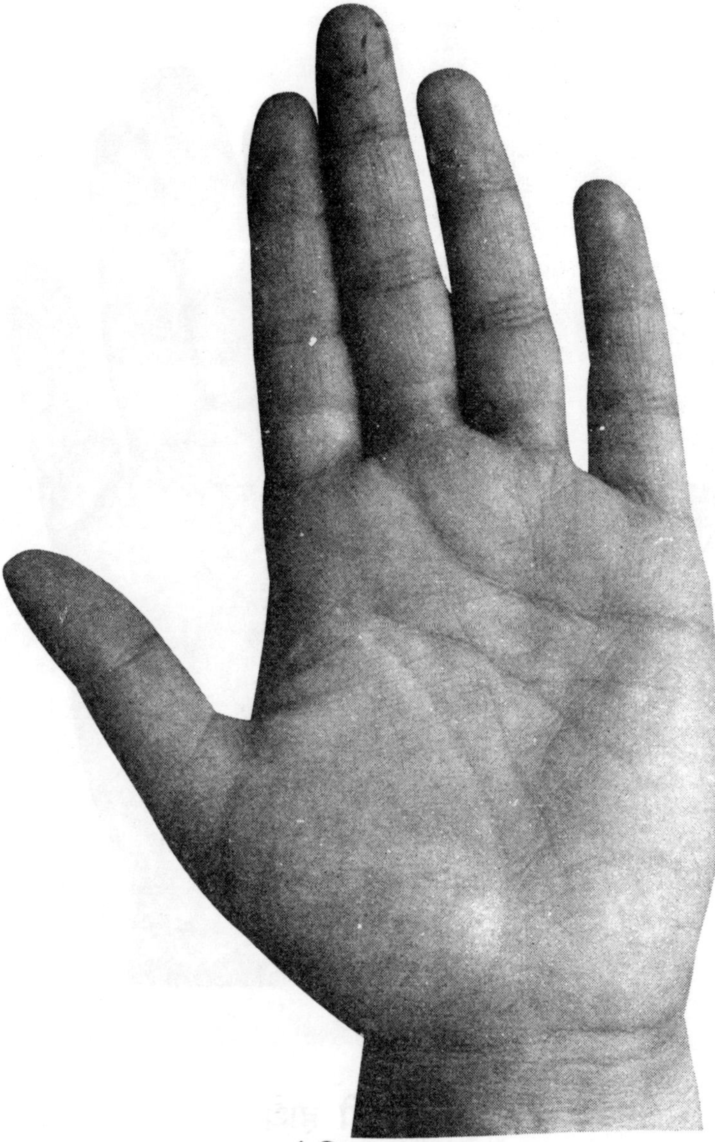

कोणिक हाथ

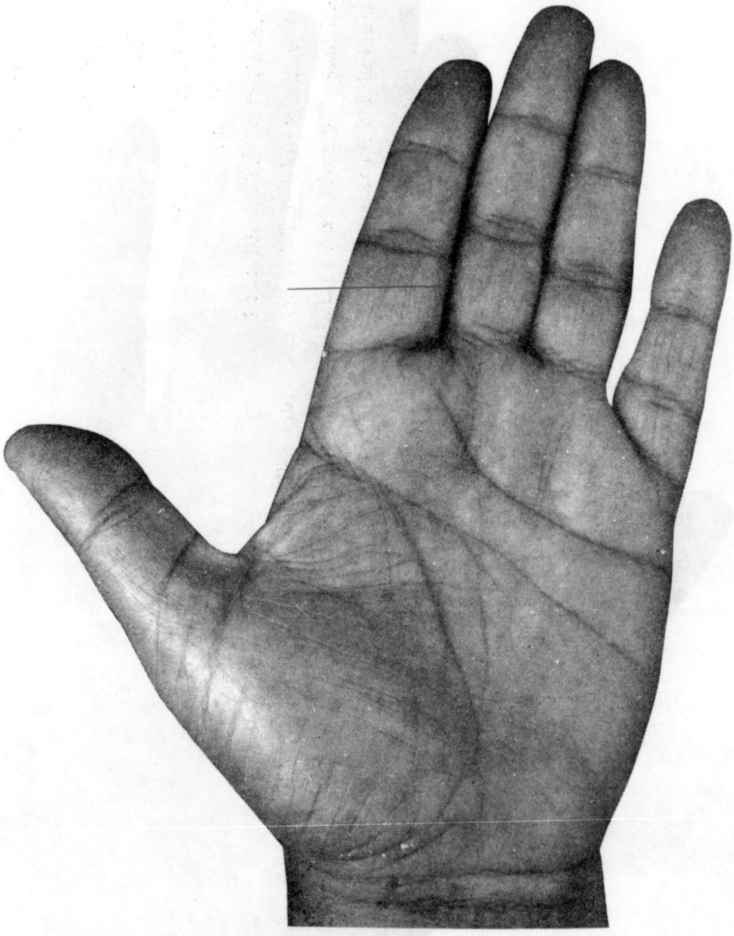

आदर्शवादी हाथ

इनका स्वास्थ्य बहुत अच्छा नहीं होता है क्योंकि सभी रेखाएं स्पष्ट फल नहीं दिखाती। ऐसे लोग अपने जीवन में कई बार तो बहुत ही तरक्की करते हैं।

अगर भाग्यरेखा पूरी तरह से स्पष्ट नहीं हो तो इन्हें किसी के साथ मिलकर व्यापार नहीं करना चाहिए अन्यथा इन्हें हानि ही होती है। ऐसे लोगों की संतान का स्वास्थ्य भी पूरी तरह से ठीक नहीं होता। अगर भाग्यरेखा मोटी से पतली हो जाती है तो इन्हें अपने जीवन में मेहनत का पूरा फल मिल पाता है नहीं तो काफी समय तक मध्यम स्तरीय जीवन ही व्यतीत करते है।

7. छोटा हाथ–जैसाकि नाम से ही पता चल रहा है छोटा हाथ अर्थात् जो हाथ दिखने में छोटा हो व उसकी हथेली तथा अंगुलियां दोनों ही छोटी हों, तो उसे छोटा हाथ कहते हैं।

ऐसे व्यक्ति सफल राजनीतिज्ञ व्यापारी व सर्वोत्तम पदों पर कार्यरत होते हैं। छोटे हाथ वालों की बौद्धिक विशेषता अलग ही प्रकार की होती है ऐसे लोग व्यर्थ का ऐसा कोई काम नहीं करते जिनमें उनका समय व धन व्यर्थ हो। वे वहां पर ही दो पैसे लगायेंगे जहां चार आने की उम्मीद हो। हमेशा इनका उद्देश्य इनके सामने रहता है। पर ऐसा तभी संभव है जब हाथ भारी हो।

हाथ छोटा हो तथा अंगुलियां पतली हों तो बहुत ही बुद्धिमता से काम लेने वाले होते हैं। अगर मस्तिष्क रेखा निर्दोष हो तो क्या कहने। ऐसे लोग दूसरों को तो बुद्धू बना सकते हैं पर स्वयं इन्हें बुद्धू बनाना अति कठिन कार्य है। ऐसे व्यक्ति जल्दी घबराते नहीं है। अगर इस हाथ में मस्तिष्क रेखा एक मंगल से निकल कर दूसरे मंगल तक पहुंचती हो तो ऐसे लोग अपना बदला लेकर ही दम लेते हैं।

ऐसे व्यक्ति कुशलता व चतुराई से काम लेने वाले होते हैं जिससे जैसा बनता है वैसा ही व्यवहार करने वाले होते हैं। अगर हाथ का रंग काला हो तो धोखाधड़ी या हेराफेरी से धन कमाने वाले होते हैं। अगर इस हाथ में भाग्यरेखा एक से अधिक हो तो कभी–कभार दिखावे के लिए ही सही दान–पुण्य या किसी की मदद भी कर देते हैं।

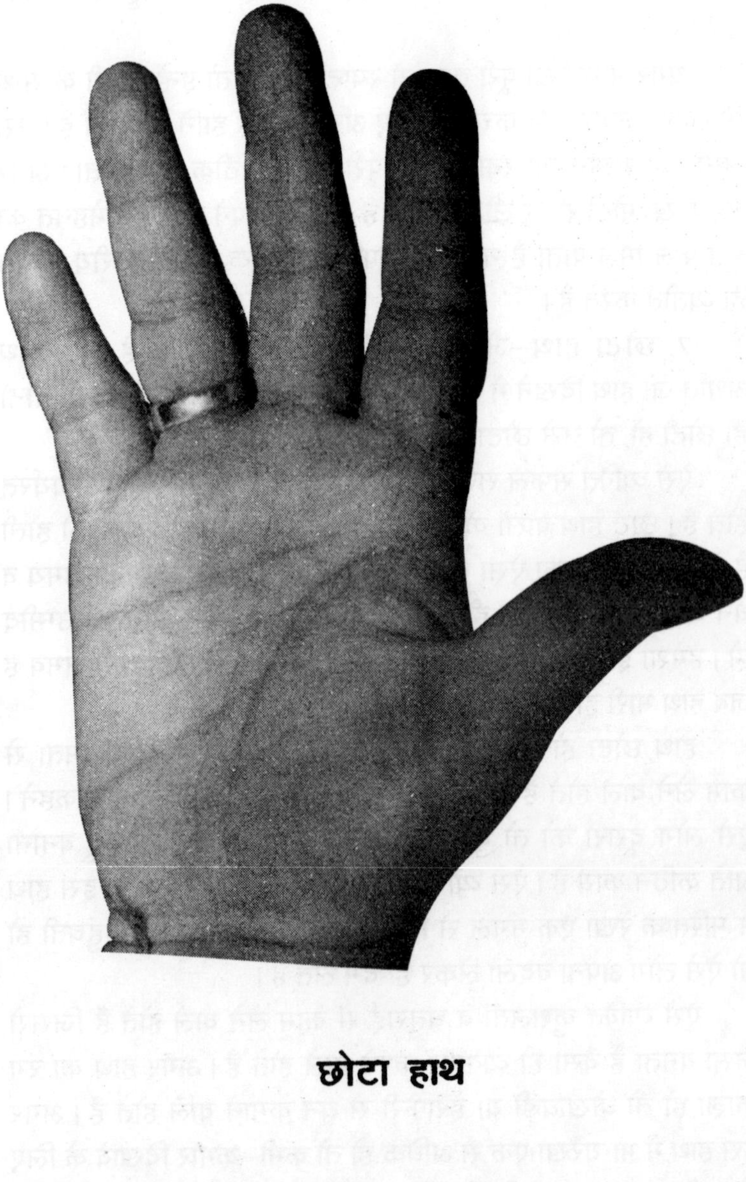

छोटा हाथ

4
अंगुलियाँ

हथेली में जिस प्रकार रेखाएं अपना महत्वपूर्ण स्थान रखती हैं उसी प्रकार अंगुलियों का महत्व भी कम नहीं है। अगर हम किसी व्यक्ति के व्यक्तित्व के बारे में जानना चाहते हैं और वह हाथ दिखाने में संकोच करता हो, और उसके बावजूद आपके मन की जिज्ञासा, अगर शांत नहीं हो रही है तो आप उसकी अंगुलियों को देखकर उसके स्वभाव के बारे में कुछ हद तक सामान्य जानकारी प्राप्त कर सकते हैं। इसके लिए हमें ध्यानपूर्वक अंगुलियों की लम्बाई, मोटापन, पतलापन, तिरछापन, सीधापन, टेढ़ापन देखना होता है।

1. **लम्बी अंगुलियां**—अगर आप किसी की भी अंगुलियां लम्बी देखते हैं चाहे फिर वह स्त्री हो या पुरुष, ऐसे लोगों का स्वभाव दूसरों की मदद करने वाला, व अपनो की मदद करने वाले के अतिरिक्त थोड़े से अपने प्रति लापरवाह होते हैं। ऐसे लोग अपनी जिन्दगी अपनी ही तरह से जीने वाले होते हैं। ये बहुत आसानी से किसी से भी घुल–मिल जाते हैं। अगर ये अंगुलियां पतली भी हों, तो इनकी समझ का क्या कहना। सबके साथ निष्पक्ष व्यवहार करते हैं। अपनी शक्ति अनुसार सभी की मदद करने के कारण इनका गृहस्थ जीवन कोई विशेष सुखी नहीं होता। ऐसे लोग जब किसी की आर्थिक मदद करते हैं तो स्वयं नुकसान ही उठाते हैं। अगर यह अंगुलियां मोटी हो तो इनसे स्वयं भी गलतियां होती रहती हैं और इनके कामों में थोड़ी बहुत अड़चन भी आती रहती है। अगर अंगुठा आगे की तरफ से थोड़ा बड़ा फैला हुआ (चपटा) हो तो अड़चने कुछ ज्यादा आती है जिससे इनका मन थोड़ा परेशान सा रहता है।

ऐसे लोगों को दूसरों के मसले हल करने का शौक होता है। अगर शुक्र ग्रह हथेली में थोड़ा उठा–सा हो तो मस्तिष्क वासनामय होता है। परन्तु अगर गुरु ग्रह उठा हो तो ये अपनी वासना को दबा कर रखते हैं। अगर हथेली में चंद्र पर्वत भी उठा हो और साथ में शनि ग्रह भी उन्नत हो तो प्यासी जैसी भावना इनके मन में होती है। इनका मन कभी भी झगड़े की पहल नहीं करता। हमेशा शांति बनाये रखना ही इनका ध्येय होता है इस वजह से इनका कोई नुकसान भी हो जाये तो सह लेते हैं।

अगर लड़कियों की अंगुलियां लम्बी और थोड़ी सी मोटी हों तो, इन पर विपरीत लिंग का प्रभाव बहुत ही जल्दी पड़ता है और यह बड़ी जल्दी किसी से प्रभावित होकर द्रवित हो उठती हैं। इस वजह से कई बार गलत काम भी इनसे हो जाते हैं–क्योंकि इनसे इनकार नहीं किया जाता ऐसे लोगों को बहुत ज्यादा लालची नहीं कहा जा सकता अगर गुरु ग्रह प्रबल हो तो कभी–2 लालच की भावना बहुत प्रबल हो जाती है।

2. पतली अंगुलियां–जैसा कि अभी हमने ऊपर लम्बी अंगुलियों का वर्णन किया है वहां हमने बताया कि लम्बी अंगुलियां होने के साथ–2 अंगुलियां अगर पतली हों तो व्यक्ति बहुत समझदार होते हैं। यानि हाथ किसी भी प्रकार का हो, सीधी और पतली अंगुलियां अच्छे बुरे का फैसला करने का निर्णय बुद्धिमता का परिचायक है। इसके साथ–2 अगर अंगूठा भी पतला हो तो इन पर प्रकृति मेहरबान रहती है। इनके कार्यों में अड़चनें भी कम आती है। अगर पतली अंगुलियों के साथ–2 बुध ग्रह उठा हुआ हो और यह अंगुली टेढी हो तो इनके अन्दर परख शक्ति, चतुरता चालाकी भी कमाल की होती है।

अगर हाथ में भाग्यरेखा एक से अधिक हो तो, यथासम्भव दान–पुण्य व सामाजिक कार्य करने वाले भी होते हैं। अगर गुरु की अंगुली लम्बी हो, अंगुलियां पतली और छोटी हो तो ऐसे व्यक्तियों की संतान उत्तम होती है। ऐसे व्यक्तियों को कई प्रकार के पुरस्कारों से सम्मानित भी किया जाता है। ऐसे व्यक्तियों में सम्मान की भावना भी बहुत अधिक पाई जाती है जिसकी वजह से यह कोई अनैतिक कार्य नहीं कर पाते हैं और अपनी भावनाओं को दबा कर रखने वाले होते हैं।

3. छोटी अंगुलियां: वैसे तो अंगुलियां हमेशा हथेली से छोटी होती हैं पर आधी या चौथाई इंच छोटी हों (हथेली से) तो छोटी अंगुलियां कहलाती है।

छोटी अंगुलियों वाले लोगों का दोस्ती या ज़्यादा भाईचारे रखने का शौक नहीं होता हैं। अगर बनाते भी हैं तो अपना फायदा देखते हुए ही दोस्ती करते हैं। ऐसे लोग हमेशा फायदा ही उठाते हैं। यह बात अलग है कि किसी रेखा या ग्रह चाल की वजह से इनका नुकसान हो रहा हो।

ऐसे लोग कोई भी काम बगैर फायदे के नहीं करते हैं। अगर मकान खरीदेंगे तो सोचेंगे कि इसको कर्मिशियल करके कैसे लाभ लें। या बच्चों को पढ़ायेंगे तो पूरा–2 हिसाब रखते हैं कि यह बनेगा या वह बनेगा उससे कितना फायदा होगा। अगर इसी हाथ में अंगुलियां मोटी हो तो अनैतिक कार्य करने वाले होते हैं। अगर पतली अंगुलियां हो तो अपना मतलब किसी न किसी तरह से निकाल ही लेते हैं। अगर ऐसे लोग राजनीति में या सोशल वर्क, करने वाले हों तो अपना लाभ भी हमेशा सामने रखकर चलते हैं और इन्हें फायदा भी होता हैं इनके परिवार में सभी लोग प्रायः चालाक देखे जाते हैं। हाथ भारी हो और अंगुलियां पतली हो तो विशेष सफलता पाते हैं। इन्हें अपना समय बड़ा कीमती लगता है। ये व्यर्थ के झगड़े निपटाने या बीच सड़क में फंसं हुए किसी की मदद बहुत कम ही करते हैं। ऐसे लोग अपना काम स्वयं करो की नीति पर चलने वाले होते हैं। दूसरों पर निर्भर रहना इन्हें पसंद नहीं होता। वैसे यह समझदार भी बहुत होते हैं। फालतू खर्च न करने की वजह से इनके पास पैसे नकद भी पाये जाते है।

4. मोटी अंगुलियां–सभी प्रकार की अंगुलियों का वर्णन करते–2 थोड़ा बहुत हमने मोटी अंगुलियों के बारे में भी समझाने की कोशिश की है इसके अतिरिक्त इस प्रकार की अंगुलियों के कुछ विशेष लक्षण लोगों में होते हैं जैसे कि ऐसे लोग का मस्तिष्क कुछ हल्का सा कम विकसित होता है। जिसकी वजह से कुछ दुर्गुण इनके अन्दर आसानी से पनप जाते हैं। जैसे, क्रोधी, लापरवाह, मूडी व चिड़चिड़ा होना दया आ जाये तो क्या कहने। ऐसे लोग अक्सर मेहनत करने वाले होते है जैसे किसान,

मजदूर, आदि।

इन लक्षणों के साथ–2 अगर अंगूठा भी छोटा हो और मोटा हो तो गुस्से में इन्हें अपने–पराये का ज्ञान नहीं रहता। अगर अंगूठा छोटा भी हो, तो फटाफट अपनी करने वाले होते है। तथा नुकसान उठाने वाले होते है। इसके साथ–2 अगर अंगूठा थोड़ा कम खुलता हो यानि की हथेली की तरफ झुकने वाला हो तो इन्हें अपने जीवन में लाभ कम ही होते हैं।

अगर अंगुलियां इस लक्षण के साथ–2 लम्बी हों अंगुठा अत्याधिक मोटा ना हों तो, इन्हें सफलता जरूर मिलती है।

ऐसे व्यक्तियों को एक जगह टिककर काम करने का शौक नहीं होता। इस कारण कभी किसी काम की तलाश तो कभी किसी दूसरे काम की तलाश में रहते हैं। शुक्र अगर अधिक उठा हो तो बहुत ही कामुक स्वभाव के होते हैं। अपनी वासना को तृप्त करने के लिए ये अजीबो गरीब तरीके अपनाते हैं। इनके पत्नी के साथ भी संबंध बहुत अच्छे नहीं देखे जाते हैं। इनके बच्चे भी कुछ लापरवाह होते हैं। अध्ययन में भी थोड़ी बहुत रूकावटें, स्वयं को या बच्चों को आती हैं। ऐसे लोगों से बहुत ही सोचविचार कर मेलजोल रखना चाहिए।

इसके अतिरिक्त अंगुलियों की लम्बाई या कौन–सी अंगुली किस अंगुली से बड़ी या छोटी है, काफी महत्वपूर्ण है। अगुलियों के, मध्यमा से छोटे--बड़े होने या तर्जनी का सूर्य की अंगुली से बड़ा या छोटा होना भी काफी महत्वपूर्ण बातें बताता है।

जैसे तर्जनी अंगुली अनामिका अंगुली से बड़ी हो और हाथ में किसी प्रकार के खराब लक्षण हो तो यह थोड़ी बहुत कमी अवश्य करते हैं। ऐसे लोगों के दुर्गुण थोड़े से गुणों में बदल जाते हैं। ये अपना कर्त्तव्य निभाने वाले, ज़िम्मेवारी को समझने वाले होते हैं। ये अगर किसी के लिए कुछ करते हैं तो इन्हें यश अवश्य मिलता है।

ऐसे लोग धार्मिक व सात्विक प्रवृत्ति वाले होते हैं। अगर हाथ भारी व कोमल हो तो ये स्वयं तथा इनकी संतान भी काफी योग्य होती है। यदि यह किसी धार्मिक या सामाजिक कार्य में भाग लेते हैं तो इन्हें सम्मान अवश्य मिलता है।

इसके विपरीत अगर तर्जनी अंगुली अनामिका अंगुली से छोटी हो तो इन्हें समाज में यश कम मिलता है। हाथ मध्यम हो तो ऐसे व्यक्ति दयालु भी देखे जाते हैं। इन्हें छोटी–2 बात पर गुस्सा भी बड़ी जल्दी आ जाता है। यही लक्षण अगर पतले हाथ में हो तो ऐसे लोग अनैतिक कार्य करने वाले भी होते हैं।

इनका विवाहित जीवन ठीक–2 होता है। अगर हाथ में अन्य दोष जैसे शुक्र का उठा होना व भाग्यरेखा में द्वीप तो ऐसे लोगों के संबंध एक से अधिक लोगों से होते है। अगर तर्जनी अंगुली थोड़ी सी तिरछी हो तो इन्हें अपने खानदान या संतान की तरफ से भी परेशानी उठानी पड़ती है।

मस्तिष्क रेखा बहुत अच्छी हो और हृदय रेखा जंजीराकार हो बुध की अंगुली तिरछी हो तो इन्हें धोखाधड़ी या ऊटपटांग कार्य करने से धन लाभ होता है। अगर गुरु की अंगुली या तर्जनी अंगुली छोटी है तो ऐसे लोग विश्वास के काबिल नहीं होते। इन लक्षणों में हाथ का भारीपन या मोटापन भी काफी महत्व रखता है।

5. मध्यमा अंगुली–मध्यमा अंगुली भी हाथ में एक विशेष महत्व रखती है। यह शनि ग्रह के ठीक ऊपर होती है। शनिग्रह के प्रबल होने पर और इस अंगुली के सीधी और लम्बी होने पर हाथ में जैसे सोने पे सुहागे का काम करती है। ऐसे व्यक्तियों की आर्थिक स्थिति अच्छी रहती है। स्वभावतः ऐसे लोग धार्मिक व दानी होते हैं। इन्हें सत्संग सुनना, संगीत सुनना भाता है तथा जानवरों के प्रति इनकी रुचि होती है। मस्तिष्क रेखा लम्बी होकर चन्द्रमा पर चली जाये तो इनका स्वभाव दार्शनिक जैसा हो जाता है इन्हें साहित्य या लेखन में रुची हो जाती है।

अगर मध्यमा अंगुली थोड़ी सी टेढ़ी हो या इसका झुकाव साथ वाली अंगुली पर हो तो इन्हें अपने जीवन में किसी ना किसी प्रकार की अशांति बनी रहती है। पारिवारिक सदस्यों के साथ इनके सम्बन्ध बहुत मधुर नहीं होते। अगर शुक्र ग्रह थोड़ा सा उठा हुआ हो तो इन्हें फिल्मों में रुची रहती है। हाथ अच्छा हो तो ये सम्मानित भी होते रहते हैं।

6. अनामिका अंगुली–सभी अंगुलियों का सीधा होना एक बहुत

अच्छा लक्षण है। उसी प्रकार अनामिका अंगुली अगर सीधी हो तो भी कई महत्वपूर्ण लक्षण उभर कर आते हैं। जैसे उसके सम्मानित होने का योग, पारिवारिक सम्बन्ध ठीक होना आदि। अन्य अंगुलियां भी सीधी हो तो लेखक साहित्यकार, तथा किसी क्षेत्र में कार्यरत होकर प्रसिद्ध भी होते हैं। अगर तर्जनी और अनामिका बराबर हो तो इन्हें भक्ती करनी या ध ार्मिक विचारों को ग्रहण करने का शौक भी होता है।

मध्यमा अंगुली भी सीधी हो तो इन्हें अपने जीवन में दूसरों की मदद करने का श्रेय भी मिलता है।

अगर तर्जनी और अनामिका बराबर हो तो ना काहू से दोस्ती ना काहू से बैर जैसा स्वाभाव होता है।

7. कनिष्ठका अंगुली—इसका भी अन्य अंगुलियों की तरह अपना महत्व है। इस अंगुली का अन्य अंगुलियों की तरह सीधा होना बहुत अच्छी बात नहीं है। क्योंकि यह अंगुली सीधी होने पर व्यक्ति भी बहुत सीधा होता है और जीवन में कई बार पीछे रह जाता है। अगर हाथ में चालाकी के लक्षण न हों तो यह जीवन में थोड़े पीछे रह जाते हैं। अगर यही अंगुली थोड़ी सी टेढ़ी हो तो अवसर देखते हुए अपना काम बना लेते हैं। इनके परिवार के साथ सम्बन्ध बहुत अच्छे नहीं पाये जाते है।

अगर यह अंगुली साधारण से भी छोटी हो तो इनके जीवन में संघर्ष बहुत होता है। अगर ये टेढ़ी हो तो, गुप्त रहस्य ढूंढ निकालने में सफल होते है। अगर यह टेढ़ी हो तो व्यक्ति, चालाक व तरकीब से काम निकालने वाला होता हैं। अगर हाथ में मस्तिष्क रेखा अच्छी हो, व राहू रेखाएं ज़्यादा न हों तो इन्हें अपने जीवन में हानि के अवसर कम ही मिलते हैं।

अगर हाथ का रंग काला हो, मस्तिष्क रेखा साफ सुथरी हो, अंगुली टेढ़ी हो, बुध पर X क्रास चिन्ह बना हो, हृदय रेखा जंजीराकार हो तो अनैतिक कार्य करने वाले होते है। ऐसे लोग झूठ बोलने वाले व धोखेबाज भी होते है।

अक्सर राजनीतिज्ञों, साहित्यकारों, कथावचाकों या बड़े–2 व्यापारियों के हाथ की कनिष्ठका अंगुली टेढ़ी होती है।

5
जीवन रेखा

अब हम जीवन रेखा के विषय में महत्वपूर्ण बात करेंगे। यह रेखा हाथ में एक महत्वपूर्ण भूमिका निभाती है। इस रेखा के विषय में पूरी जानकारी हासिल कर हम कई महत्वपूर्ण रहस्यों का पता लगा सकते हैं। हमें अगर सूक्ष्मता से इसकी जानकारी हासिल करनी हो तो इसकी लम्बाई, रंग, मोटापन व चौड़ापन आदि के बारे में जानकारी हासिल करने के बाद ही किसी निष्कर्ष पर पहुंच पायेंगे। इसके अतिरिक्त कौन सी रेखाएं जीवन रेखा को काटती हैं यह भी महत्वपूर्ण है। तो सबसे पहले हम देखेंगे की जीवन रेखा को रेखाएं काटे तो इसके क्या परिणाम आते हैं।

जीवन रेखा को काटती हुई रेखाएं

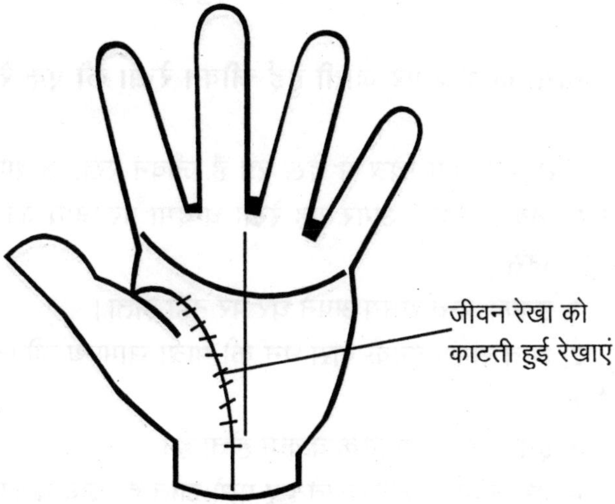

1. अगर ये रेखाएं जीवन रेखा को काटें तो, जैसा कि आप चित्र में देख रहे हैं, इनके जीवन में मानसिक परेशानी सामान्य से अधिक होती है।

2. इनको न चाहने वालों की संख्या अधिक होती है व इनके बने–बनाये कामों में अड़चनें भी बहुत अधिक आती हैं।

3. अगर ये रेखाएं अधिक मात्रा में बनती हो तो इन्हें अपने जीवन से विशेष प्रेम नहीं रहता। या यूं कहिए कि इनकी अधिकतर इच्छायें मर–सी जाती हैं।

4. इन्हें पेट के रोग भी रहते हैं।

5. जीवन रेखा को रेखाएं काटती हों तो इन्हें परेशान करती रहती है। जब तक इसका समय न निकल जाये तब तक परेशानी खत्म नहीं होती।

6. इनकी कई लोगों से बगैर बात के दुश्मनी हो जाती है।

7. ऐसे लोग जहां पर भी रहते हैं या जिसके साथ भी रहते हैं उनके सम्बन्ध इनके साथ मधुर नहीं रहते हैं।

8. दोनों हाथों में ऐसी रेखाएं हों तो नुकसान अधिक होते हैं।

9. स्वास्थ्य भी बहुत अच्छा नहीं रहता।

10. इन्हें बात–बात पर गुस्सा भी बहुत आता है।

2. चन्द्रमा के क्षेत्र पर जाती हुई जीवन रेखा की एक रेखा–

जैसा की आप चित्र में देख रहे हैं जीवन रेखा से शाखा चन्द्रमा क्षेत्र से निकल रही है अगर यह रेखा चन्द्रमा पर जाये जो इसके कई अर्थ हैं। जैसे–

1. इनका अन्त समय अपने घर पर नहीं होता।

2. अन्त समय इनके पास धन की मात्रा सामान्य जीवन से अधिक होती है।

3. इनके जीवन में टिकाव कम होता है।

4. ऐसे लोग नौकरी करते हुए पाये जाते हैं। जब ये रेखाएं चन्द्रमा

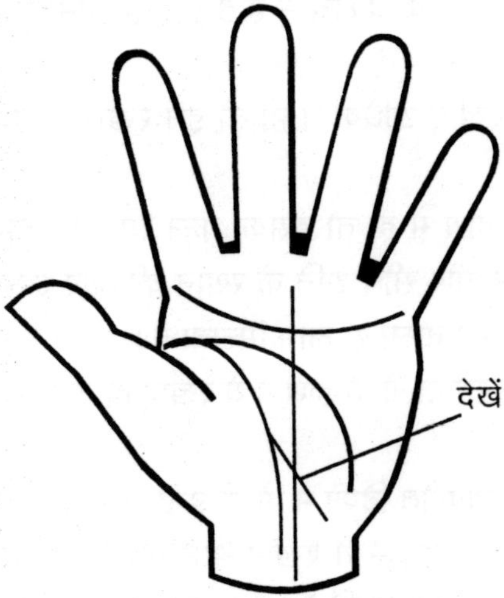

तक ही रूक जाये। अगर ये रेखाएं आगे की तरफ बढ़ कर कलाई की तरफ जाती हों तो व्यवसाय करते हैं। अगर दोनों प्रकार की रेखाएं हों तो ऐसे लोगों के जीवन में परिवर्तन भी बहुत अधिक होते हैं।

3. जीवन रेखा से रेखाएं अगर ऊपर की तरफ जाती हो तो इनका फल जीवन में लाभ दायक होता है ऐसा होने पर–

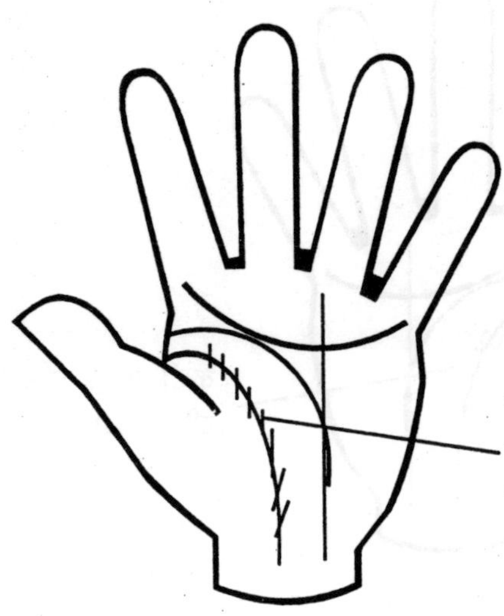

1. इस समय जिस भी कार्य क्षेत्र में होते है इन्हें सामान्य से अधिक लाभ मिलता है।

2. अगर हाथ में रेखाएं अधिक न हों तो इन रेखाओं का फल और अधिक हो जाता है।

3. अधिक रेखाएं हाथ में हो तो इसका फल साधारण ही हो जाता है। कम रेखाएं होने पर और सीधे शनि के स्थान की ओर जाने पर इन्हें अपने साथ व्यवसाय करने वालों से लाभ मिलता है।

4. अगर नौकरी करने वालों के हाथ में ये रेखाएं हो तो इन्हें 'प्रमोशन' मिलता है।

5. अगर ये रेखाएं विपरीत दिशा में हो तो इन्हें लाभ की बजाय हानि होती है और जिस–जिस आयु में ये रेखाएं नीचे गिरती हैं स्वास्थ्य, धन व सन्तान आदि की तरफ से कोई विशेष लाभ नहीं होता।

6. कई बार ये जीवन रेखा के रेखाएं अन्दर की तरफ गिरती हैं मस्तिष्क रेखा में भी दोष हो तो इन्हें स्वास्थ्य की तरफ से विशेष कष्ट आता है।

4. कटी–फटी व उलझी हुई सी जीवन रेखा

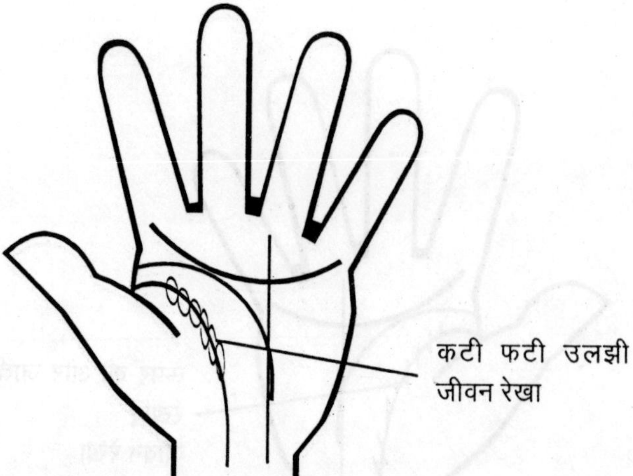

इस प्रकार की जीवन रेखा अगर पतले हाथों में पाई जाए तो यह अधिक कष्टमय होता है। पर अगर भारी व सुन्दर हाथों में हो तो कष्ट कम होता है। अगर यह जीवन रेखा सख्त हाथ में हो, और अंगुलियों का आकार भी कुछ विभिन्न प्रकार हो तो इस दोष के कारण मनुष्य का स्वास्थ्य भी ठीक नहीं रहता। इन्हें श्रवण दोष भी देखा गया है। कई बार इनसे ठीक प्रकार से बोला भी नहीं जाता। ऐसे लोगों को फेफड़ों से सम्बन्धित रोग भी हो जाते हैं।

स्वास्थ्य ठीक न होने के कारण ऐसे लोग व्यापार या नौकरी की तरफ पूरी तरह ध्यान नहीं दे पाते हैं जिसकी वजह से आर्थिक स्थिति भी पतले हाथों में या मध्यम हाथों में दयनीय हो जाती है।

5. जीवन रेखा में उत्पन्न यव–चिन्ह

अगर जीवन रेखा में कहीं–2 पर यव बन जाये तो व्यक्ति का जीवन कष्टमय हो जाता है। इससे जीवन में कई प्रकार की समस्याएं आती हैं।

1. महिलाओं को यह यव शरीर में आलस्य व गर्भाशय के रोग पैदा कर देता है। अगर मस्तिष्क रेखा में भी इसी प्रकार के यव हो तो इन्हें

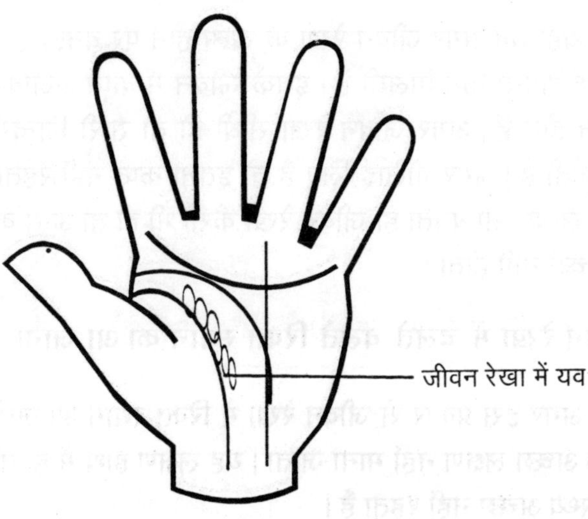

हर्निया व ल्यूकोरिया रोग पाये जाते हैं। हाथ नरम गुदगुदा हो तो इन्हें सांस के रोग, खून की कमी होना या 'डिलीवरी' के समय कष्ट अधिक होता है।

3. ये यव पेट के रोगों के अलावा जीवन में कई प्रकार के नुकसान भी करवाते हैं। जैसे व्यवसाय में उधार डूब जाना। अगर इस यव के साथ–2 एक अन्य रेखा जीवन रेखा के भीतर चले मस्तिष्क रेखा में भी दोष हो तथा हाथ सामान्य हो तो उन्हें कष्ट अधिक आता है। यह समय उनके जीवन में विशेष कठिनाइयां लेकर आता है।

4. अगर इस यव के साथ–साथ हृदय रेखा और मस्तिष्क रेखा में भी इसी प्रकार का लक्षण दिखाई दे तों इन्हें पढ़ाई में कठिनाई का सामना भी करना पड़ता है और ऐसे लोग बहुत ही जल्दी घबरा जाते हैं। अगर यव ठीक शुरू में हो, अर्थात् गुरु की अंगुली के नीचे हो तो गर्भपात हो जाते हैं। अधिक यव होने पर एक से अधिक गर्भपात की सम्भावना रहती है पर इसके साथ–साथ अन्य लक्षणों का समन्वय करना भी अतिआवश्यक है।

5. इन्हें धन सम्बन्धी चिन्ता बहुत रहती है। अगर यह ऊपर से लम्बे यव बनाती हो व हाथ थोड़ा नरम हो तो जुड़वा सन्तान का योग भी बनाती है।

6. यही यव अगर जीवन रेखा के खत्म होने पर बनता हो तो इन्हें मानसिक शान्ति कम मिलती है। इनके जीवन में बहुत अजीब–अजीब परिवर्तन होते हैं। अगर जीवन रेखा सीधी हो तो सारी जिन्दगी यूं ही गुजर जाती है। अगर गोलाई लिए है तो इतना कष्ट नहीं रहता। अगर यह यव लम्बा–सा बनता हो जीवन रेखा कैसी भी हो तो अन्त का समय बहुत अच्छा नहीं होता।

6. जीवन रेखा में चलते चलते रिक्त स्थान का आ जाना

1. अगर इस प्रकार से जीवन रेखा में रिक्त स्थान आ जाये तो भी यह एक अच्छा लक्षण नहीं माना जाता। यह लक्षण हाथ में हो तो मनुष्य का स्वास्थ्य अच्छा नहीं रहता है।

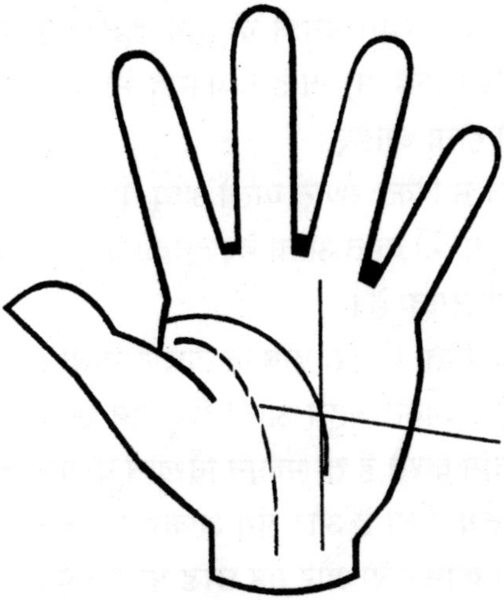

2. अगर रिक्त स्थान जीवन रेखा में हो और मस्तिष्क रेखा साफ सुथरी हो तो ऐसे लोगों में धोखाधड़ी करके धन अर्जित करने की इच्छा प्रबल रहती है। इस रेखा के साथ यदि अन्य लक्षण–

1. अंगुलियां छोटी
2. हृदय रेखा जंजीरदार
3. गुरु की अंगुली सूर्य की अंगुली से छोटी हो तो झूठ बोलने वाला धोखेबाज होता है। ऐसे व्यक्ति अपनी करने वाले होते हैं।

3. इनकी सन्तान भी अपनी मनमर्जी करने वाली होती हैं। सन्तान थोड़ी लापरवाह होती है।

4. इनका गृहस्थ सुख भी बहुत अच्छा नहीं होता है। आपस में कहा सुनी चलती रहती है।

5. अगर रिक्त स्थान के समय उसके ऊपर चर्तुभुज □ बन जाये तो दोष का फल नगण्य रह जाता है।

6. यह हाथ अगर कोमल हो तो बहुत ही कामुक स्त्री या पुरुष होते हैं।

7. अगर रिक्त स्थान वाली जीवन रेखा सीधी हो तो इनके ऊपर उलटे–पुलटे लांछन लगते रहते हैं।

8. स्त्रियाँ होने पर इन्हें मासिक धर्म में तकलीफ ज्यादा होती है तथा कई बार यह लक्षण मोटापे का भी कारण बन जाता है।

9. अगर यह रेखा रिक्त स्थान बनाने के बाद शुक्र क्षेत्र को और अधिक घेर लेती है। (दूसरे टुकड़े से) तो इन्हें फायदे भी बहुत होते हैं। पर याद रखे हाथ भारी भी होना चाहिए।

10. इन्हें अपने जीवन में रिक्त स्थान वाली आयु बीत जाने के बाद ही चैन मिलता है। इन्हें गुस्सा भी बहुत आता है। इनको पेट के रोग रहते हैं तथा काम में मन भी नहीं लगता है।

11. संतान में माता या पिता के इस दोष के कारण थोड़ी लापरवाही रहती है। इनके कार्यों में रूकावटें बहुत आती हैं। मान लो अगर ऐसे लोग 'प्रोपर्टी डीलर' का काम करते हैं तो मकान दिखाने के बाद ही कहीं जाकर मुश्किल से सौदा तय होता है और तंग आकर यह चाहते हैं कि यह काम छोड़ो और दूसरा काम करो और यह छोड़ भी देते हैं।

12. अगर रिक्त स्थान में से एक–एक शाखा दूसरें स्थान से मिल जाती है तो जीवन में दोषपूर्ण लक्षण कम प्रभाव डाल पाते हैं। अगर अन्य रेखाएं हाथ में हो तो इनके जीवन में सभी सुख रहते हैं।

7. जीवन रेखा के साथ चलती एक अन्य जीवन रेखा–

जीवन रेखा के साथ चलती एक अन्य जीवन रेखा हाथ में अच्छा लक्षण नहीं मानी जाती। इस लक्षण के होने पर कई महत्वपूर्ण तथ्य सामने आते

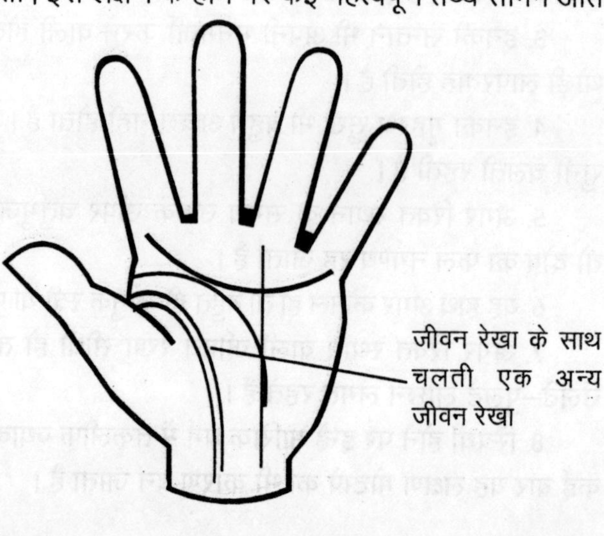

हैं। पर याद रखें हर रेखा की तरह इसका भी अलग से महत्व कम हो जाता हैं अगर हाथ में अन्य लक्षण अच्छे हों। जैसे–हाथ का भारी, गुदगुदा व कोमल होना इसके बुरे फल में कमी ला देता है। इस तथ्य को ध्यान में रखकर ही फलादेश करें।

1. इनके जीवन में अशान्ति के कई लक्षण सामने आते हैं। इनकी अपनी पत्नी या पति से विचारों का तालमेल कम ही बैठता है।

2. संतान भी माता या पिता के इस दोष के कारण थोड़ी लापरवाह रहती है। ऐसे लोगों को अपने रिश्तेदारों से विशेष लाभ नहीं मिलता।

4. ऐसे लोगों का स्वभाव समान्यतः कुछ अलग प्रवृति का होता है। स्वभाव में चतुरता भी रहती है।

5. इस रेखा के जीवन रेखा के साथ चलने पर और हाथ के नरम न होने, मस्तिष्क रेखा में भी दोष होने, भाग्य रेखा के भी जीवन रेखा के साथ होने पर तथा इस रेखा की लम्बाई कम होने पर गृहस्थ सुख में बहुत बाधा आती है।

6. मस्तिष्क रेखा में भी दोष हो तो दुर्घटना होने की संभावना रहती है।

7. इस जीवन रेखा के साथ एक अन्य सटी हुई रेखा होने पर मनुष्य का जीवन उतने समय तक संर्घषमय, धन की बचत न हो पाना, खर्च की बहुलता बनी रहती है। मन का कहीं न लगना छोटी–छोटी बात से मन का अशान्त हो जाना आदि लक्षण बने रहते हैं।

8. ऐसे लोगों का स्वास्थ्य भी बहुत अच्छा नहीं रहता। इन्हें पेट के रोग व हृदय से सम्बन्धित रोग आने की पूरी–पूरी आशंका बनी रहती है। मंगल क्षेत्र पर अगर रेखाएं हो तो पेट के रोग अवश्य रहते हैं।

9. हाथ सख्त होने पर यह गुस्सैल स्वभाव के होते हैं व काले हाथ के होने पर कोई न कोई ऐब इन्हें लग जाता है।

10. इनकी शिक्षा में भी रूकावटें आती हैं। पर हाथ अच्छा होने पर थोड़ी लापरवाही ही होती है।

8. जीवन रेखा का मोटा व पतला होना

जीवन रेखा के मोटे व पतले होने का प्रभाव मनुष्य की ज़िन्दगी पर अन्य लक्षणों की तरह पड़ता है।

पतली जीवन रेखा उसे कहते हैं जो अन्य रेखाओं से पतली हो, जैसे मस्तिष्क रेखा, हृदय और भाग्यरेखा की तुलना में पतली हो।

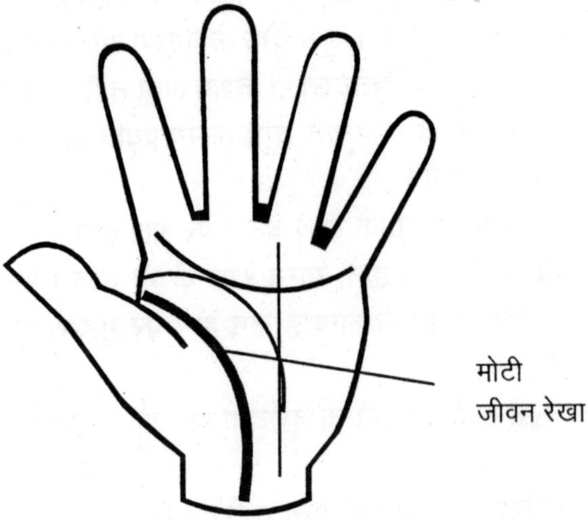

चित्र नं. 1

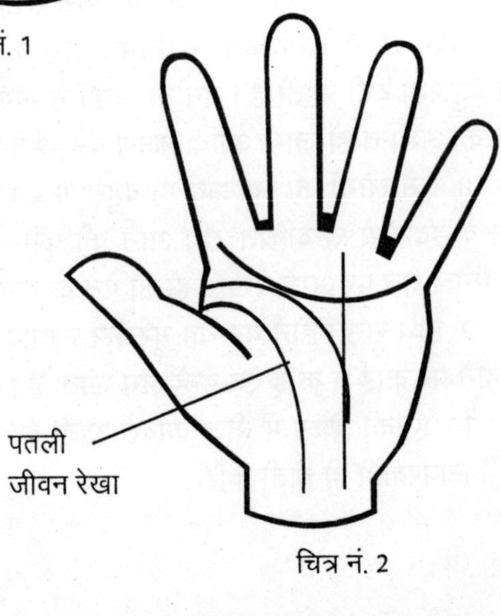

चित्र नं. 2

ठीक इसके विपरीत मोटी जीवन उसे कहते हैं जो भाग्यरेखा मस्तिष्क रेखा और ह्रदय रेखा की तुलना में मोटी हो।

इस प्रकार की जीवन रेखा हाथ में जैसा कि आप चित्र न. 1 में देख रहे हैं। यानि जीवन रेखा अन्य रेखाओं की तुलना में मोटी हो तो ऐसे में व्यक्ति को बहुत अधिक कष्ट आता है।

इस रेखा के मोटे होने पर और भाग्य रेखा के इसके साथ होने पर जीवन में संघर्ष और आये दिन कोई न कोई समस्या चलती रहती है।

यह रेखा अगर अपना पूरा स्वरूप ही इसी प्रकार से रखे तो ज़िन्दगी कशमकश में गुजर जाती है। हाथ पतला हो व अंगुलियां टेढ़ी–मेढ़ी हों तो ऐसे लोग अनैतिक कार्य करने वाले होते हैं। चोरी–चकारी, धोखेबाज़ी करना इनके लिए कोई बड़ी बात नहीं होती है।

अक्सर ऐसे व्यक्ति अपने जन्म स्थान से दूर रहते पाये गये हैं। इस रेखा के साथ अगर अन्य कोई रेखा भी थोड़ी बराबर मोटाई लिए हो तो दोष के लक्षणों में थोड़ी कमी अवश्य आ जाती है। ऐसे व्यक्तियों का स्वास्थ्य भी बहुत अच्छा नहीं होता।

अस्थिर जीवन होने की वजह से इन्हें गुस्सा भी बहुत जल्द आ जाता है। भाग्यरेखा में भी दोष हो तो बगैर बात के झगड़ा मोल लेते हैं। हाथ सख्त तो इनके अन्दर बुराइयां भी जन्म ले लेती हैं।

जीवन रेखा के मोटे होने पर हाथ नरम तथा भाग्यरेखा और मस्तिष्क रेखा की स्थिति ठीक होने पर इनके जीवन में आर्थिक स्थिति ठीक रहती है।

स्त्रियों के हाथ में ऐसी रेखा गर्भाशय से सम्बन्धित विकार पैदा करती हैं। यहां पर चित्र नं 2 में देख रहें है कि जीवन रेखा पतली है। अन्य रेखाओं की तुलना में यह भी एक दोषपूर्ण लक्षण है। इस लक्षण के होने पर मनुष्य के जीवन में कई प्रकार की घटनाएं होती हैः

1. जैसे इनका स्वास्थ्य ठीक नहीं रहता व इनमें जीवन का संचार भी भली भांति नहीं हो पाता है।

2. इनके घर का वातावरण अशांत होता है। गृहस्थ जीवन भी विशेष अच्छा नहीं होता है। इन्हें संतान की चिन्ता भी हमेशा बनी रहती है।

3. इन्हें परिवार वालों का सहयोग कम ही मिल पाता है।

4. इन्हें अक्सर पेट, फेफड़ों तथा आतों का रोग कुछ ना कुछ लगा रहता है।

5. मस्तिष्क रेखा में भी दोष हो तो यह स्वयं या इनकी संतान में गूंगा या बहरा होना या तुतलाने के लक्षण पाये जाते हैं।

9. आधी जीवन रेखा

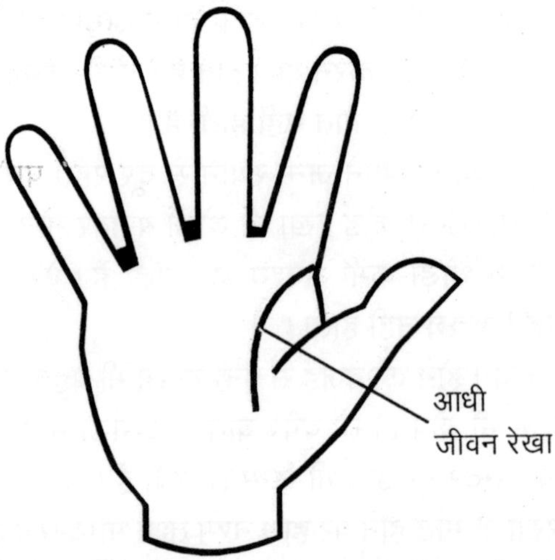

किसी–किसी हाथ में जीवन रेखा आधी होती है। हाथ में अन्य दोषपूर्ण लक्षण हो तो यह जीवन रेखा भी बहुत कष्टमय होती है और कई प्रकार की परेशानियां जिन्दगी में खड़ी कर देती है।

1. आधी जीवन रेखा हो व मस्तिष्क रेखा में दोष हो तो ऐसे व्यक्ति को आर्थिक समस्याएं बनी रहती हैं।

2. यह धार्मिक स्वभाव के होते हैं। अगर मस्तिष्क रेखा साफ–सुथरी हो तो यह अपने ही प्रकार से अपनी पूजा व ध्यान करते हैं। हृदय रेखा में दोष हो हाथ पतला हो तो ऐसे व्यक्ति को घबराहट भी बहुत अधिक होती है। संवेदनशील हृदय होता हैं कोई घटना घटे, तो यह बहुत लम्बे समय तक विचार करने वाले होते हैं।

3. ऐसे व्यक्ति किसी भी परिस्थिति में रहे इन्हें कुछ समय नौकरी में अवश्य देना पड़ता है या किसी के अधीन कार्य करते हैं।

4. इनका दिया हुआ उधार डूब जाता है। इन्हें व्यापार की दृष्टि से भी हानि होती है। अगर ये 'पार्टनरशिप' में काम करते हैं तो इन्हें नुकसान होता है।

5. इन्हें अगर नौकरी मिलती है तो वहां मन नहीं लगता। अगर अपना व्यवसाय हो तो बदलने की सोचते रहते हैं।

6. हाथ नरम होने पर इन्हें खुद परिश्रम करना अच्छा नहीं लगता।

7. स्वास्थ्य खराब हो जाने की दशा में हाय–तौबा नहीं मचाते। (या परवाह नहीं करते हैं)

8. पति–पत्नी के सम्बन्ध भी बहुत मधुर नहीं रहते हैं। इनकी पत्नी का स्वास्थ्य बहुत अच्छा नहीं रहता है।

9. दोनों हाथों में यह रेखा अधूरी हो तो ज्यादा कष्टमय होती है।

10. भाग्यरेखा जीवन रेखा के अधिक पास हो उन्हें खराब आर्थिक स्थिति का सामना करना पड़ता है और परिवार के सदस्यों का सहयोग भी कम मिल पाता है।

11. हाथ भारी हो तो चाहने वाले बहुत होते हैं। इन्हें अपने जीवन में जैसे डॉक्टर या किसी बड़े विशिष्ट व्यक्ति का स्थान मिलता है। फिर भी थोड़ा बहुत झंझट अवश्य रहता है।

12. मस्तिष्क रेखा दोषपूर्ण हो तो इन्हें ससुराल वालों से लाभ नहीं मिलता। थोड़ी अनबन भी हो जाती है।

13. 'पाटर्नर' भी इन्हें नुकसान पहुंचाने वाले होते हैं। फलस्वरूप अधुरी जीवनरेखा का समय निकल जाने के बाद इनकी ज़िन्दगी में लाभ होता है।

14. हृदय रेखा, मस्तिष्क रेखा व भाग्य रेखा में दोष होने पर ऐसा व्यक्ति बहुत हानि उठाता है और किसी न किसी से झगड़ा चलता रहता है।

10. एक साथ दो जीवन रेखाएं

बहुत कम हाथों में यह महत्वपूर्ण लक्षण सामने आता है। इस लक्षण के

सही प्रकार से अंकित होने पर मनुष्य को जीवन में बहुत लाभ होता है और खराब होने पर नुकसान होता है। अन्य महत्वपूर्ण लक्षण अगर इस रेखा के साथ–साथ चलते हों तो सोने में सुहागे का काम करते हैं।

1. दो जीवन रेखाएं अगर निर्दोष स्थिति में हो तो इनका सबसे प्रमुख कार्य खतरों से रक्षा करना होता है।

2. अगर एक जीवन रेखा में दोष हो जैसे टूटी हुई–सी या मोटी या

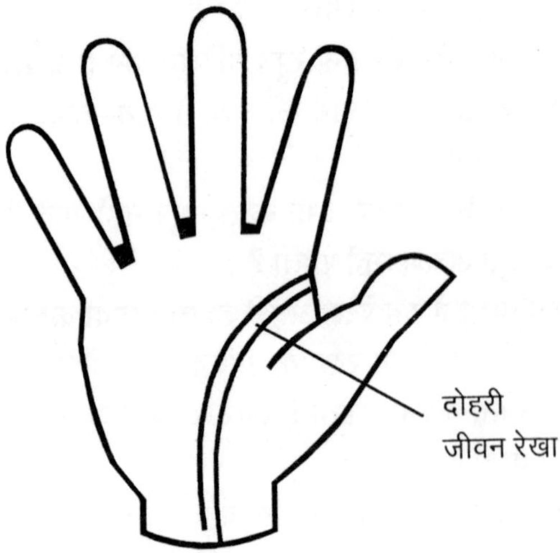

पतली हो जाना तो कष्ट बहुत थोड़ा आता है। और कष्ट की पूर्ति आगे दोष निकल जाने के बाद हो जाती है।

3. अगर इन रेखाओं के साथ मस्तिष्क रेखा भी दोषपूर्ण हो, तो बहुत बड़ी समस्या आती है। अगर एक जीवन रेखा में थोड़ी सी त्रुटि न हो तो किसी न किसी प्रकार से सामना हो ही जाता है।

4. ऐसे व्यक्ति स्वास्थ्य के मामले में निश्चिंत नहीं होते हैं और न खाने–पीने के मामले में संयमी होते है।

5. अगर ये दोनों रेखाएं प्रबल हों तो मनुष्य के जीवन में उत्तम संतान उत्तम पत्नी होती है।

6. ऐसे लोगों को एक ही आय से संतोष नहीं होता। इस कारण देखा जाता है कि एक साथ दो काम करने वाले होते हैं। अगर इतनी

आर्थिक क्षमता न हो तो भी कही न कहीं से ये अपने आय का स्रोत दोहरा कर ही लेते हैं। जैसे नौकरी में होने पर ये 'ओवर वर्क' करने वाले होते हैं और अपनी आय में बढ़ोतरी करते हैं।

7. इन्हें जमीन जायदाद खरीदने का भी शौक होता है। इसलिए यह पैसा जमा करने में बहुत रुचि रखते हैं।

8. हाथ में एक से अधिक भाग्यरेखा हो, हाथ भारी गुदगुदा, अंगुलियां सीधी हो तो ऐसे लोग अपने वंश का नाम रोशन करने वाले होते हैं और अपने खानदान में सबसे अधिक प्रगति करने वाले होते हैं।

ऐसे लोग बचपन से ही बहुत समझदार होते हैं और जल्दी ही अपना लक्ष्य तय कर लेते हैं कि मुझे क्या बनना है या क्या करना है।

11. गोलाई लिए हुए जीवन रेखा

अक्सर कई हाथों में जीवन रेखा गोलाई लिए होती है। यह लक्षण हाथ में उस अवस्था में अधिक फल देता है जब इसके साथ अन्य लक्षण भी महत्वपूर्ण हों जैसे हाथ का भारी होना, अन्य रेखाओं का स्पष्ट होना, रंग गुलाबी व अंगुलियों का सीधा होना। गोलाई लिए हुए जीवन रेखा हाथ में एक अच्छा लक्षण दर्शाती है। इसके होने से –

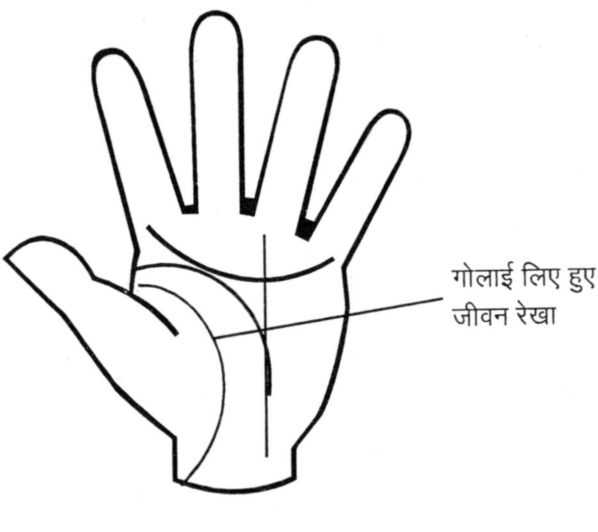

1. अगर मस्तिष्क रेखा भी साफ–सुथरी हो तो ऐसे व्यक्ति बहुत ही कर्त्तव्यनिष्ठ होते हैं।

2. भाग्य रेखा एक से अधिक और जीवन रेखा गोलाई लिए हो इन्हें अपने जीवन में तरक्की के मार्ग बहुत अधिक मिलते हैं।

3. अगर इस जीवन रेखा को मंगल क्षेत्र से आड़ी रेखाएं न काटे और साफ–सुथरी गोल जीवन रेखा हो तो इन्हें अपने जीवन में, सम्बन्धियों का सहयोग रहता है।

4. दोनों हाथों में गोलाई लिए हुए जीवन रेखा हो, हाथ भारी, हाथ का रंग गुलाबी हो, इन्हें अपने जीवन में नौकरी मिलती है तो प्रतिष्ठित पद, पर और यदि व्यवसाय में है तो उत्तम कोटी के व्यवसायी होते हैं।

5. इन्हें ईश्वरीय मदद बहुत मिलती है। इनके रूके हुए काम भी किसी न किसी की मदद के द्वारा चल पड़ते हैं।

6. धन कमाने का इन्हें बहुत शौक होता है जिसकी वजह से यह धन संचय कर पाने में भी बहुत निपुण होते हैं।

7. गोलाई लिए हुए जीवन रेखा से भाग्य रेखा थोड़ी दूरी पर हो तो इन्हें जीवन में तरक्की बहुत जल्दी मिल जाती है।

8. ऐसे लोग लड़ाई–झगड़े से दूर रहने वाले और अपने परिवार के सदस्यों को चाहने वाले होते हैं।

9. ऐसे लोग शिक्षा में भी अच्छे होते हैं मस्तिष्क रेखा यदि निर्दोष हो और सूर्य रेखा साफ सुथरी हो सारा जीवन छात्र की भांति गुजार देते हैं।

10. हाथ अच्छा होने पर इनका स्वास्थ्य भी अच्छा रहता है।

12. सीधी जीवन रेखा

सीधी जीवन रेखा हाथ में होना कोई विशेष अच्छा लक्षण नहीं होता है। यह व्यक्ति के जीवन में कई प्रकार की समस्याएं लेकर आती है। सीधी जीवन रेखा होने से या जहां से सीधापन ज्यादा हो तो–

1. इनको अपने जीवन में संघर्ष अधिक करना पड़ता है। इनका मन

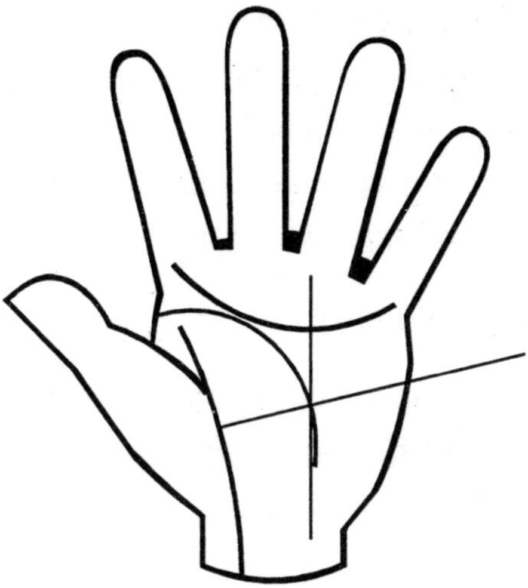

अशान्त रहता है। ये जिस भी व्यापार में आते हैं उन्हें लाभ कम मिल पाता है।

2. हाथ का रंग काला, अंगुलियां आगे की तरफ मोटी भाग्यरेखा जो जीवन रेखा के नजदीक हो, तो उन्हें अपने जीवन में इच्छा के विरूद्ध या दूसरों की इच्छा पर अनैतिक काम करने पड़ते हैं। बाद में यह इनका स्वभाव ही बन जाता है।

3. शुक्र हाथ में उठा हो, जीवन रेखा सीधी हो भाग्य रेखा का अन्त हृदय रेखा पर हो, मस्तिष्क रेखा में दोष हो तो इनका स्वास्थ्य भी अच्छा नहीं रहता हैं तथा दामपत्य जीवन में भी कंई बार कटुताएं आती हैं।

4. हाथ भारी हो, मुलायम हो, निर्दोष मस्तिष्क रेखा हो तो उनके जीवन में सीधी जीवन रेखा कम बाधा डालती है।

5. इन्हें पेट के रोग व अपने जीवन साथी के स्वास्थ्य की भी चिन्ता बनी रहती है।

6. स्त्रियों के हाथ में सीधी जीवन रेखा और मस्तिष्क रेखा के नीचे यदि द्वीप बने हों, जीवन रेखा को आड़ी रेखाएं अगर काटती हों, तो गर्भ सम्बन्धी रोग पाए जाते हैं। गर्भपात भी हो जाता है। मासिक धर्म भी कष्ट पूर्ण होता है। भाग्य रेखा में दोष हो तो कष्ट ज्यादा रहता है।

7. हाथ अच्छा होने पर सन्तान योग्य होती है अयोग्य होने पर संतान

लापरवाह तथा शिक्षा में कोई न कोई रूकावट आती है।

8. मस्तिष्क रेखा साफ सुथरी होने पर बहुत ही कामुक होते हैं इन्हें अपनी पत्नी से सम्बन्धों से सन्तुष्टी नहीं मिलती।

9. हाथ सख्त होने पर इन्हें गुस्सा भी बहुत अधिक आता है।

10. इनके परिवार के सदस्यों का भी स्वास्थ्य बहुत अच्छा नहीं होता।

13. जीवन रेखा की शुरूआत व अन्त

जीवन रेखा की शुरूआत व अन्त भी कम महत्वपूर्ण लक्षण नहीं है। इसका भी मानव जीवन पर प्रभाव पड़ता रहता है। तो यहां पर मैं आपको बताऊंगी कि, जीवन रेखा की शुरूआत कहां –कहां से होती है।

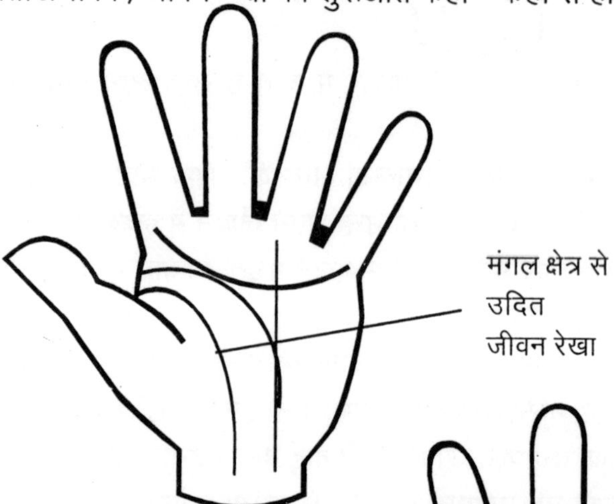

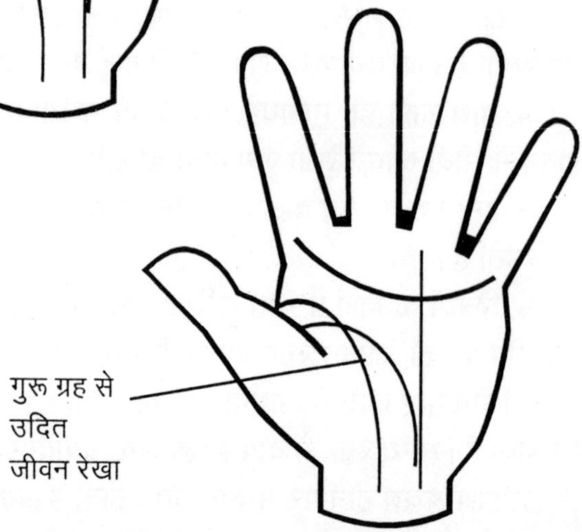

1. इसकी शुरूआत हथेली में मंगल ग्रह के स्थान से;
2. गुरु ग्रह के स्थान से;
3. और ठीक दोनों ग्रह जैसे मंगल और गुरु के बीच में से।

1. मंगल ग्रह से शुरूआत :

अगर इसकी शुरूआत मंगल से हो तो ये शुरू से अपनी मनमर्जी करने वाले होते हैं। हस्तक्षेप पसंद नहीं होता। क्रोधी मनमर्ज़ी करने वाले होते हैं। अकसर क्रिमिनल्स के हाथों में कसाइयों के हाथों में, अनैतिक रूप से कार्य

करने वालों के हाथों में व गुस्सैल प्रवृत्ति या अस्वस्थ लोगों के हाथों में होती है। इसकी वजह से जीवन में लांछन भी लग जाते हैं।

2. गुरु पर्वत से शुरूआत : अगर गुरू ग्रह से इसकी शुरूआत हो तो ऐसे लोग अपने निर्णय स्वयं लेने वाले, समझदार तथा जीवन में तरक्की करने वाले होते हैं कामयाब लोग चाहे किसी भी क्षेत्र के हो उनके हाथ में यह जीवन रेखा पाई जाती है। हाथ भारी, सभी रेखाएं स्पष्ट होने पर व्यक्ति अपना जीवन स्वयं बनाने वाला होता है।

3. मंगल और गुरु के बीच से शुरू जीवन रेखा–इस प्रकार की शुरूआत हो तो व्यक्ति में दोनों और के थोड़े–थोड़े गुण व अवगुण आ जाते हैं। जैसे ऊंचाई पर भी चढ़ेगा, और संघर्ष भी बहुत होगा। गुस्सा भी बहुत आयेगा, और शांत भी हो जायेंगे। इन्हें समझदार ही कहा जाएगा।

1. जीवन रेखा का अंत

जीवन रेखा अन्त पर्वत ग्रह पर और चन्द्र पर्वत पर होता है। जैसे शुरूआत होने पर उनके अर्थ में काफी अन्तर आ जाता है ऐसे ही अन्त होने पर भी काफी अन्तर आ जाता है।

शुक्र पर अन्त होने पर– शुक्र पर अन्त होने पर अगर ये जीवन रेखा निर्दोष है तो इसका फल साधारण से कुछ अच्छा होता है ऐसे व्यक्ति का अन्त समय ठीक–ठाक होता है तथा अन्य रेखाएं अच्छी हों आर्थिक

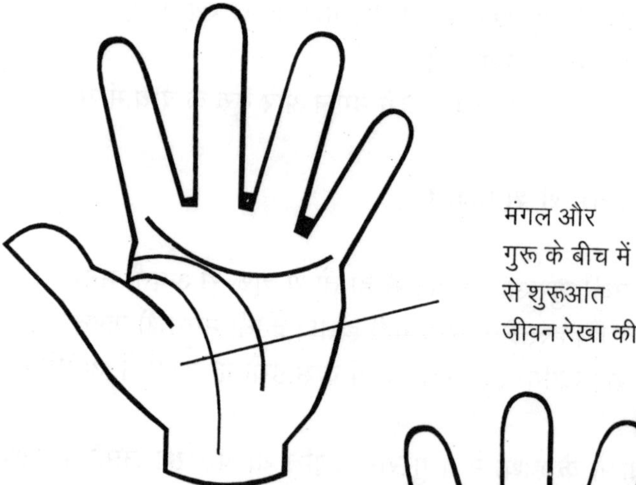
मंगल और
गुरू के बीच में
से शुरूआत
जीवन रेखा की

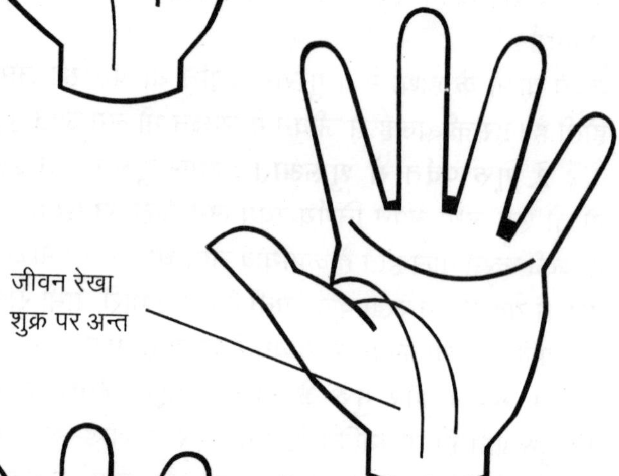
जीवन रेखा
शुक्र पर अन्त

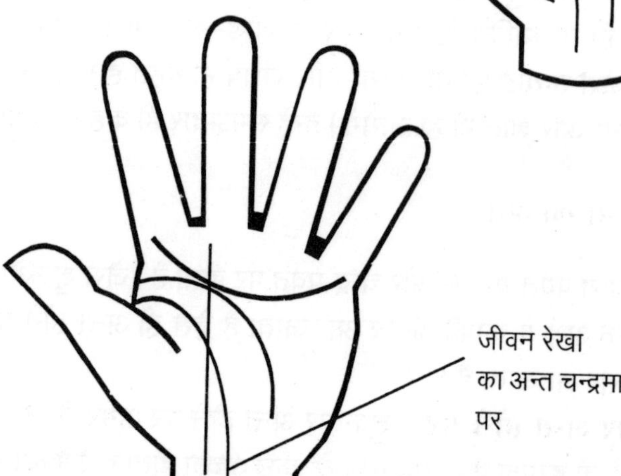
जीवन रेखा
का अन्त चन्द्रमा
पर

स्थिति भी ठीक रहती है।

चन्द्रमा पर अन्त होने पर

जीवन में बहुत संघष करना पड़ता है। ये अपने जीवन में कई बार कारोबार बदलने की सोचते हैं और कई बार बदल भी डालते हैं। इनके जीवन का अन्त समय अच्छा होता है। पर इनका गृहस्थ जीवन विशेष अच्छा नहीं होता।

6

मस्तिष्क रेखा

मस्तिष्क रेखा के बारे में अध्ययन

मस्तिष्क रेखा–जैसा कि नाम से ही स्पष्ट है कि यह रेखा हमारे मस्तिष्क से जरूर सम्बन्ध रखती है। मस्तिष्क रेखा का सम्बन्ध सिर्फ यहीं तक नहीं है। इसके अतिरिक्त यह रेखा हमें जीवन से सम्बन्धित अन्य महत्वपूर्ण घटनाएं भी बताती हैं। जैसे कितनी तरक्की होगी, स्वास्थ्य कैसा रहेगा, आर्थिक स्थिति, आत्म–विश्वास कितना होगा, लोगों के साथ सम्बन्ध कैसे रहते हैं आदि। मनः स्थिति कैसी है। मनः स्थिति मनुष्य के जीवन में एक महत्वपूर्ण भूमिका निभाती है। इसके नियंत्रण में होने से मनुष्य जिन्दगी में बहुत तरक्की कर सकता है।

मनुष्य अपनी कल्पना अपने मस्तिष्क के जरिये ही कर पाता है।

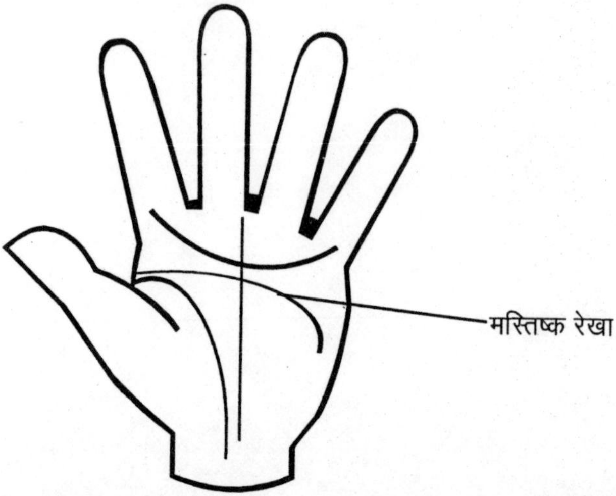

कल्पना ही उसे जिन्दगी की एक राह दिखाती है।

शरीर में तो मनुष्य का मस्तिष्क खोपड़ी के नीचे होता है। यह मानव शरीर का एक बेहद नाजुक अंग है। अगर आप इसके कई पोस्टमार्टम करें या किसी भी प्रकार से खोज करते हैं। कि मनुष्य किस प्रकार का होगा तो आप नहीं पहचान पायेंगे पर हाथ के माध्यम से यह जानना काफी आसान है।

अब हमें यह जानना है कि हथेली में यह रेखा कहां स्थित है। यह रेखा हथेली को दो भागों में विभाजित करती है और हथेली के बीचों–बीच में स्थित होती है।

मस्तिष्क रेखा कई प्रकार की होती है। जैसे, दोष वाली मस्तिष्क रेखा, दोष रहित मस्तिष्क रेखा, जंजीराकार मस्तिष्क रेखा, टूटी मस्तिष्क रेखा, छोटी मस्तिष्क रेखा व लम्बी मस्तिष्क रेखा आदि। अब सूक्ष्म जानकारी प्राप्त करने के लिए हमें विस्तारपूर्वक इनके अध्ययन की आवश्यकता है।

1. दोष वाली मस्तिष्क रेखा–

मैंने अब तक सैंकड़ों हाथ देखे हैं, पर पाया, ज्यादातर लोगों में दोष वाली

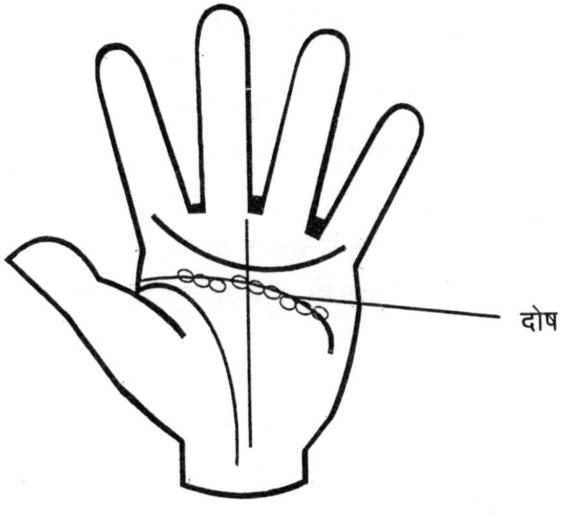

मस्तिष्क रेखा अधिक है। इसलिए मैं पहले इसका विवरण कर रही हूं। वैसे तो यह दोष कई प्रकार के होते है। जैसे, टूटी हुई, उलझी हुई, मोटी और पतली मस्तिष्क रेखा का होना आदि।

ऐसा होने के साथ–साथ अन्य रेखाओं में भी दोष हो तो–

1. मनुष्य को मानसिक परेशानियों का सामना बहुत करना पड़ता है।

2. इस रेखा के साथ–साथ यदि हृदय रेखा में दोष हो या रेखा मोटी हो तो ऊट–पटांग सपने आते हैं ऐसे लोग कई बार सपने में बहुत डर या सहम जाते हैं।

3. मस्तिष्क रेखा में दोष और मंगल ग्रह पर आड़ी–तिरछी रेखाएं हो तो इनके पेट में तकलीफें होती हैं।

4. दोनों हाथों में मस्तिष्क रेखा टूट जाए और भाग्य रेखा वहां पर मोटी होकर रूके तो इन्हें जीवन साथी का सुख उम्र भर नहीं मिलता।

5. मस्तिष्क रेखा में दोष, शुक्र ग्रह का उठा होना, जीवन रेखा का सीधे होना तथा चन्द्रमा के भी अधिक उन्नत होने से, ऊट पटांग सपने आना गृहस्थ सुख का अभाव व वासनात्मक प्रवृत्ति के होती हैं। अपनी वासनापूर्ति के लिए तरह–तरह के तरीके भी अपनाते हैं।

6. ऐसे लोगों का मन दृढ़ निश्चयी नहीं होता हैं। मन बहुत ही चंचल होता है। इसी चंचलता की वजह से इनके कई काम अधूरे रह जाते हैं। दिमाग से लगातार काम नहीं लिया जा सकता। इन्हें विश्राम की सख्त आवश्यकता होती है क्योंकि लगातार कोई भी काम यह नहीं कर पाते हैं। अगर ये चाहे तो भी स्वास्थ्य साथ नहीं देता।

7. मस्तिष्क रेखा में दोष हो तो उन्हें खुद ही समझ में नहीं आता है, कि फलाव्यक्ति से मिलने में मैं क्यूं उत्सुक हूं या मैं इससे क्यूं नहीं मिलना चाहता है। अगर इनके प्रेम सम्बन्ध हों, और वह इन्हें प्राप्त न हो तो, बहुत जल्दी डिप्रेशन के शिकार हो जाते हैं व ऊट पटांग बातें करते हैं।

8. मस्तिष्क रेखा में दोष भाग्यरेखा का छोटा होना व हृदय रेखा में भी दोष होने पर ये झूठ बोलने वाले व गलत काम करने वाले होते हैं।

10. मस्तिष्क रेखा में दोष होने पर पति भी कुछ लापरवाह होता है।

अगर औरतों के हाथ में ऐसा हो तो इन्हें ज्यादा देर अकेले रहना खलता है।

11. इस रेखा में दोष हो, और भाग्यरेखा भी छोटी हो तो 'पार्टनरशिप', रास नहीं आती।

12. स्त्रियों के हाथ में इस रेखा में ज्यादा दोष होने पर मासिक धर्म के रोग या रक्त का स्राव अधिक या पेट में दर्द भी अधिक रहती है।

13. दोष की स्थिति में पैसा लेना तथा देना, दोनों ही रास नहीं आते। अगर हाथ में अन्य लक्षण अच्छे हों तो दोष में कमी आ जाती है।

14. इनका व्यवसाय भी रूक–रूक कर चलता है। यदि भाग्यरेखा हाथ में अधिक हों तो दोष में कमी आ जाती है। पर फिर भी, मुश्किलों का सामना इन्हें करना ही पड़ता है।

15. ऐसे व्यक्ति अगर दोष की स्थिति में जमीन जायदाद का सौदा करते हैं तो ज्यादा लाभ नहीं होता है।

16. इनके खर्चे बहुत अधिक होते है। पैसा भी इनके हाथों में प्राय कम ही टिकते देखा गया है। पैसा आया नहीं कि पहले ये उसे खर्च करने की योजनाएं बनानी शुरू कर देते है।

17. सभी रेखाओं में दोष और इस रेखा में भी दोष अधिक हो तो उन्हें ऋण नहीं लेना चाहिए। इनके अपने सम्बन्धियों से भी संबंध मधुर नहीं रहते।

18. यदि इस रेखा के साथ–साथ भाग्य रेखा में भी दोष हो तो मनुष्य का कहीं न कहीं प्रेम संबंध पाया जाता हैं। युवावस्था कुछ अधिक संघर्षमय हो जाती है।

19. इस दोष की अवस्था में कई बार देखने में आया है कि इनका शरीर टूटा–टूटा सा सिर में भारीपन व, सिर के रोग इत्यादि लगे रहते हैं।

20. इस दोष के साथ जीवन रेखा का भी शुरू में टूटा होना या द्वीप से बन जाने पर शिक्षा में या ट्रैनिंग में रूकावट आ जाती है।

21. अगर मस्तिष्क रेखा में कम दोष हो तो ऐसे व्यक्ति अहसान फरामोश नहीं होते। कोई अगर इनके साथ थोड़ी सी भी उदारता दिखाता

है तो इनकी भी कोशिश होती हैं कि उसका कोई ऋण न रखे।

22. ऐसे लोगों को धोखा बहुत मिलता है क्योंकि जल्द ही किसी पर भी विश्वास कर लेते हैं।

23. इन्हें अपने जीवन में प्यार की कमी बहुत महसूर होती है।

24. कोई भी अप्रिय घटना होने पर हिम्मत बड़ी जल्दी हार जाते हैं।

25. अगर ऐसे लोगों को कोई जरा सी भी बात कहे तो यह उसकी बहुत बुराई करते हैं।

26. जब यह दोष समाजप्त हो जाता है तो स्थिति सामान्य हो जाती है। फिर भी अगर स्थिति असामान्य हो तो अन्य लक्षणों का दोष होता है।

27. अन्त में हम कह सकते हैं कि मस्तिष्क रेखा का दोष व्यक्ति के जीवन में कई पहलुओं पर तरक्की में बाधा उत्पन्न कर देता है।

2. दोषरहित मस्तिष्क रेखा

अगर मस्तिष्क रेखा दोष रहित हो व्यक्ति के जीवन में सफलता के कई अवरुद्ध मार्गों की रुकावटें दूर कर देती है।

इन्हें अपने जीवन में प्रकृति का भी सहयोग मिलता है। अगर हाथ

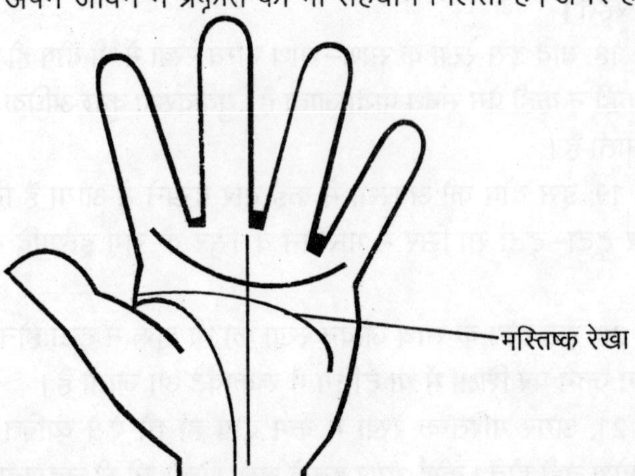

सुन्दर तो चहुंमुखी तरक्की करने वाले होते हैं।

1. मस्तिष्क रेखा जितनी दोषरहित होगी उतना ही व्यक्ति का मानसिक विकास अच्छा होता है। यह शीघ्रग्राही होते है।

2. सुन्दर मस्तिष्क रेखा होने पर व्यक्ति में कामुकता की मात्रा सामान्य से कुछ अधिक होती है हाथ नरम होने पर यह लक्षण ज्यादा देर तक स्थायी नहीं रहता।

3. अगर मस्तिष्क रेखा दोषरहित हो और हृदय रेखा व जीवन रेखा में दोष हो तो ऐसे लोग बड़ी सफाई से झूठ बोलने वाले चालाकी से काम निकालने वाले, व दूसरों की नजरों में अपने आपको बहुत ही अच्छा साबित करने वाले होते हैं।

4. दोषरहित मस्तिष्क रेखा के साथ भाग्य रेखा मोटी हो और उसकी लम्बाई अंगुलियां के अन्त तक हो, तो बहुत ही लालची होते हैं। हाथ का रंग काला होने पर अपने स्वार्थ की पूर्ति के लिए कुछ भी कर सकते हैं।

5. यदि जीवन रेखा टूटी हो या दोषपूर्ण हो तो यह मस्तिष्क रेखा पर अपना थोड़ा बहुत प्रभाव अवश्य डालती है। ऐसे लोगों को अपने कार्य में प्रशंसा नहीं मिलती।

6. ऐसे लोग एक गलती को बार–बार नहीं करते और अपनी गलतिओं से बहुत कुछ सीख लेने वाले होते हैं।

7. इन्हें सभी पर सन्देह बना रहता है। अगर ऐसे व्यक्ति पुलिस विभाग, सी.आई.डी. जज, वकील आदि क्षेत्रों में कार्यरत होने पर व्यक्ति इनका विश्वास पात्र आसानी से नहीं बन सकता है।

8. अगर गुरु ग्रह के साथ–साथ सूर्य भी उठा हो तो इनमें आत्मविश्वास व घमंड अधिक होता है।

9. अपनी चतुराई की वजह से यह सभी के साथ मधुर सम्बन्ध बनाना जानते हैं।

10. जीवन रेखा गोल हो, सूर्य रेखा अच्छी हो व दोष रहित मस्तिष्क रेखा हो तो शिक्षा में भी अग्रणी होते हैं।

11. ऐसे लोग अपने नियम स्वयं बनाते हैं या बनाने की कोशिश करते हैं। दूसरों के आधीन रहना इन्हें अच्छा नहीं लगता। जो इन्हें अच्छा लगता

है, ये वही करते हैं।

12. यदि अन्य रेखाएं भी साफ सुथरी हों तो, इनके जीवन में संकट कम आते है।

13. इन्हें अपने माता–पिता या भाई–बहनों का सहयोग भी मिलता रहता है।

14. हाथ में भाग्यरेखाएं अधिक होने पर, दूसरों की मदद करने वाले व परोपकारी होते हैं।

इस प्रकार दोषरहित मस्तिष्क रेखा होने से मनुष्य को निरन्तर तरक्की व समाज में उच्च स्थान मिलता है।

3. लम्बी मस्तिष्क रेखा–

अन्य रेखाओं की तरह लम्बी मस्तिष्क रेखा के भी अपने गुण दोष हैं। यह मस्तिष्क रेखा तभी लम्बी मानी जाती है जब यह बुध की अंगुली के नीचे हथेली के दूसरे छोर तक जाती है या मणिबंध रेखा पर या उसके से ऊपर समाप्त होती है।

चित्र में दो प्रकार की मस्तिष्क रेखा की स्थिति दर्शायी गयी है।

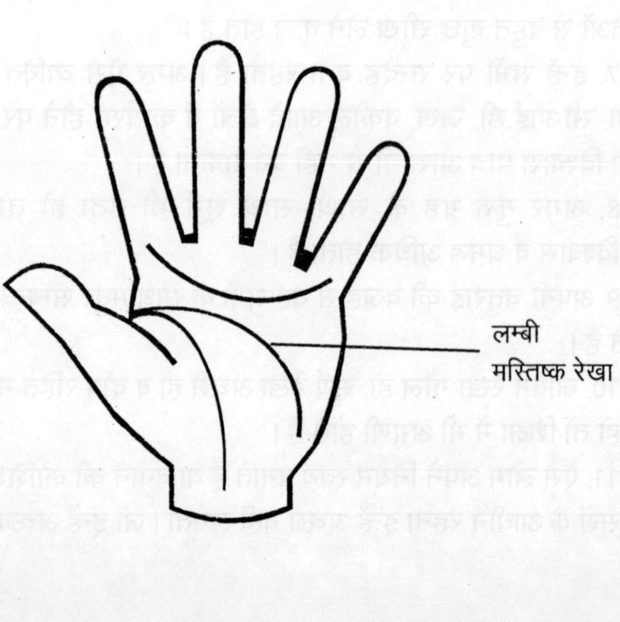

वैसे मस्तिष्क रेखा अगर लम्बी होने की स्थिति में दोष रहित हो, तो उत्तम मानी जाती है। अब हम इस रेखा के गुण दोषों का विस्तारपूर्वक विवरण करेंगे।

1. लम्बी मस्तिष्क रेखा वाले व्यक्ति बहुत ही समझदार होते हैं। ये छोटी से छोटी बात को भी बड़ी आसानी से समझ लेते हैं।

2. जीवन रेखा हाथ में गोल हो व साथ ही हाथ भी भारी हो तो शिक्षा में अग्रणी भूमिका निभाने वाले होते हैं।

3. ऐसे व्यक्ति अपनी बात को बहुत अधिक महत्व देने वाले होते हैं। जिससे दोस्ती करते हैं पूरी तरह निभाते हैं और जिससे बैर रखते है उनके साथ कभी भी अपना व्यवहार ठीक नहीं रखते।

4. लम्बी मस्तिष्क रेखा बीच में से टूट जाए तो पेट से सम्बन्धित रोग होते हैं।

5. अगर यह रेखा मोटी हो तो इन्हें दाम्पत्य सुख पूरी तरह से नहीं मिल पाता।

6. इस मस्तिष्क रेखा में द्वीप से बन जाएं तो शिक्षा में लापरवाह हो जाते हैं पर बाद में ठीक हो जाते हैं।

7. अगर मस्तिष्क रेखा चन्द्रमा के स्थान तक जाये, तो ऐसे व्यक्ति अत्यधिक संवेदनशील होते हैं। छोटी–छोटी बातों को दिल से लगा लेते हैं।

8. मस्तिष्क रेखा में द्वीप न हो तो अपनी बात को दूसरों तक पहुँचाने का ढंग अनोखा होता है। इनकी वाक्शक्ति बहुत अच्छी होती है। लोग इनकी बातों से भी बहुत प्रभावित होते देखे गये हैं।

9. इन्हें अपनी जिन्दगी में संभल कर चलने की बहुत आदत होती है। इसलिए बड़ी–बड़ी गलतियां न यह करते है नहीं दोहराते हैं। हां ध्यान देने योग्य बात यह है कि भाग्य रेखा में यदि यह दोष हो, तो गलतियां हो सकती हैं।

10. मुसीबत पड़ने पर उसका मुकाबला धैर्य से करने वाले होते हैं। और युक्ति से उसका हल निकालकर सफल होते हैं।

11. ऐसे लोगों को 'प्लैनिंग' मास्टर भी कहा जाता है।

12. मंगल उत्तम होने पर बहुत ही बहादुर होते हैं एवम् किसी से झगड़ा होने पर उसे हरा कर ही दम लेने वाले होते हैं।

इस प्रकार लम्बी मस्तिष्क रेखा के ऊपर विचार करते समय सभी ग्रहों जैसे सूर्य चंद्र, गुरु आदि को भी यदि ध्यानपूर्वक निरिक्षण करके देखें तो फलादेश में और सफलता मिल सकती है।

4. छोटी मस्तिष्क रेखा

छोटी मस्तिष्क रेखा हाथ में एक दोष मानी जाती है। प्रायः यह कम ही लोगों के हाथों में होती है। पर जिन लोगों के हाथों में ऐसी रेखा पाई जाती हैं और हाथ के अन्य लक्षणों में भी दोष हो तो इसका फल बहुत ही खराब होता है। पर अगर अच्छे लक्षण हों तो यह बुरा फल नाममात्र का ही रह जाता है।

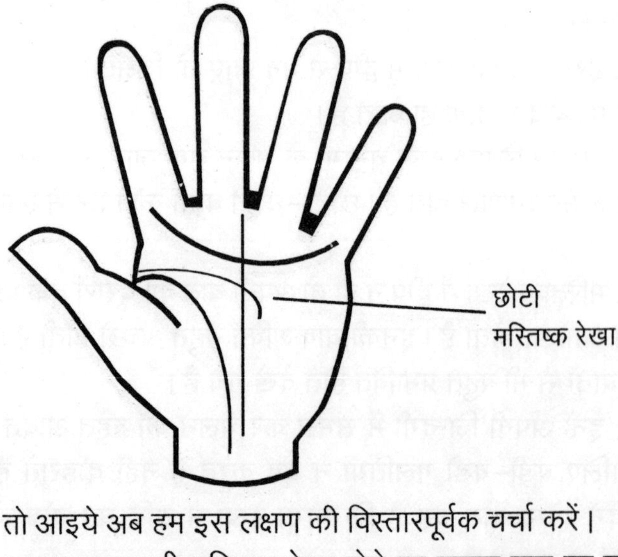

तो आइये अब हम इस लक्षण की विस्तारपूर्वक चर्चा करें।

1. इस प्रकार की मस्तिष्क रेखा होने पर इनका खुद का या पत्नी का स्वास्थ्य ठीक नहीं रहता।

2. अगर इस रेखा के साथ–साथ जीवन रेखा में भी दोष हो तो ऐसे लोग बहुत ही जल्दबाज़ी में निर्णय लेने वाले होते हैं। इसलिए इन्हें कई

बार जीवन में नुकसान उठाने पड़ते हैं।

3. छोटी मस्तिष्क रेखा व इस में यव हो तो अनेक बार गलतियाँ करने वाले होते हैं।

4. गुस्से में यह अपना भी बहुत नुकसान करते हैं।

5. छोटी मस्तिष्क रेखा, शुक्र उठा हुआ, अंगुलियां छोटी व मोटी, भाग्य रेखा मोटी, इन्हें अत्यधिक कामुक बना देती है और इस कारण वश ये गलत काम भी कर देते हैं।

6. कोई भी विपत्ति आने पर घबरा भी बड़ी जल्दी जाते हैं।

7. इन्हें काफी संघर्ष के बाद ही सफलता मिलती है।

8. ऐसे लोगों की जुबान पर भरोसा नहीं करना चाहिये। इन्हें वादे करने का शौक होता है पर निभाने का नहीं।

9. हाथ भारी हो, अंगुलियां पतली हों, रंग गुलाबी हो, मस्तिष्क रेखा दोहरी हो, या भाग्यरेखा मोटी से पतली हो तो दोष नाममात्र का ही होता है और जीवन में सफलता प्राप्त करते हैं।

10. ऐसे लोग दूसरों की बातों में बड़ी जल्दी आ जाते हैं और कोई भी लत इन्हें आसानी से लग सकती है।

हमने देखा अगर हाथ में अच्छे लक्षण हों तो दोष में किस प्रकार कमी कर देते हैं। इसी प्रकार अच्छे लक्षणों का भी भली–भांति निरीक्षण करना चाहिए।

5. मोटी मस्तिष्क रेखा–

यह भी मस्तिष्क रेखा का एक दोष है। इस प्रकार का दोष होने पर लक्षण इस प्रकार हैं।

1. मोटी मस्तिष्क रेखा होने पर स्वास्थ्य अच्छा नहीं होता है। सिर में भारीपन तथा पेट के रोग
रहते हैं व मधुमेह का भी भय बना रहता है।

2. इस अवस्था में इनके प्रत्येक कार्य में रूकावट आती है। व्यवसाय में भी रूक–रूक कर आमदनी होती है।

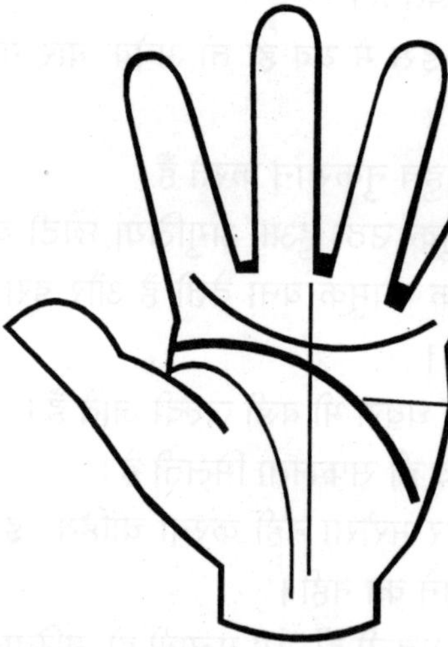

3. मोटी मस्तिष्क रेखा हो, शुक्र व चंद्रमा उठे हों तो व्यक्ति की बहुत ही कामुक प्रवृत्ति होती है।

4. यदि इस लक्षण के साथ अंगुलियां मोटी हों तथा हाथ सख्त हों तो संतान लापरवाह होती है।

5. इनके पति का या पत्नी का स्वास्थ्य भी ठीक नहीं रहता।

6. ऐसे लोगों में धैर्य की कमी होती है। छोटी–मोटी बात होने पर घबरा भी जाते हैं।

7. इनका स्वभाव चिड़चिड़ा होता है। गुस्सा बहुत जल्दी आ जाता है। इन्हें मूड़ी कहा जाता है।

8. शिक्षा में रूकावट आती है। मस्तिष्क पर अधिक बोझ यह नहीं झेल सकते।

9. इन्हें पारिवारिक मदद कम मिलती है। परिवार के सदस्यों के साथ इनकी पटरी कम ही मैच करती है।

10. जब तक यह मोटाई मस्तिष्क रेखा में रहती है मानसिक रूप से ये अशान्त रहते हैं। सभी कामों में रूकावट आती है। दोष के निकल जाने पर फिर से शांति हो जाती है।

6. पतली मस्तिष्क रेखा

मोटी मस्तिष्क रेखा की तरह पतली मस्तिष्क रेखा भी हाथ का एक दोष मानी जाती है। पतली मस्तिष्क रेखा उसे कहते हैं जब वह जीवनरेखा, भाग्यरेखा व हृदय रेखा के मुकाबले पतली हो। पतली रेखा होने पर निम्नलिखित फल लागू होते हैं:

1. पतली मस्तिष्क रेखा हो और उसमें दोष हो तो व्यक्ति की याददाश्त कमज़ोर होती है। इनका मन एक जगह पर नहीं लगता।

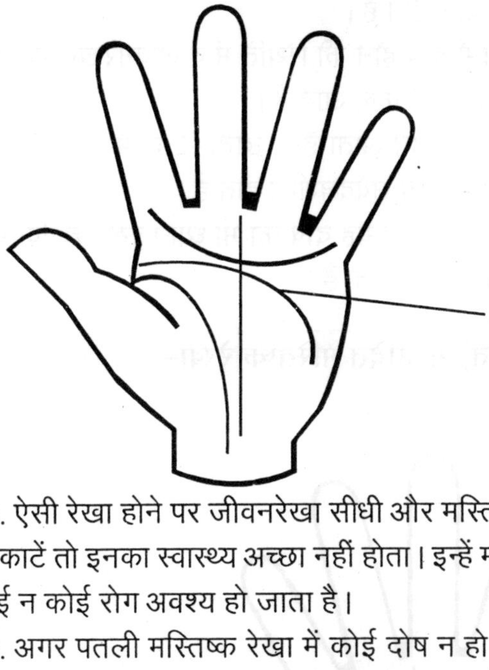

2. ऐसी रेखा होने पर जीवनरेखा सीधी और मस्तिष्क रेखा को कुछ रेखाएं काटें तो इनका स्वास्थ्य अच्छा नहीं होता। इन्हें मस्तिष्क से सम्बन्धित कोई न कोई रोग अवश्य हो जाता है।

3. अगर पतली मस्तिष्क रेखा में कोई दोष न हो तो उन्हें मस्तिष्क सम्बन्धी कोई रोग नहीं होता और इनका दिमाग तेज होता है।

4. इनके बच्चों का स्वास्थ्य भी बहुत अच्छा नहीं होता व पत्नी होने पर पति का व पति होने पर पत्नी का स्वास्थ्य बहुत अच्छा नहीं होता।

बच्चों की शिक्षा या ट्रेंनिंग में कोई न कोई विघ्न अवश्य पड़ता हैं।

5. इनकी आर्थिक स्थिति; निर्दोष मस्तिष्क रेखा होने पर ठीक होती है। अगर भाग्यरेखा मोटी हो तो इन्हें अड़चनें अवश्य आती हैं।

6. अगर ये मस्तिष्क रेखा सीधी और लम्बी हो, साथ में दोषरहित भी हो ऐसे व्यक्ति ऊट पटांग काम करने वाले होते हैं। अगर हाथ का रंग गुलाबी हो तो दोष में कमी आ जाती है।

7. चद्रमा की ओर यह रेखा निर्दोष होकर बढ़े तो इन्हें धार्मिक बना देती है। ऐसे लोग दार्शनिक स्वभाव व धर्म के प्रति बहुत निष्ठा रखने वाले होते हैं।

8. दोष होने पर इन्हें पारिवारिक मदद पूरी तरह से नहीं मिलती पर दोषरहित होने पर ऐसा कम होता है और अपना जीवन अपने ही बलबूते पर बनाने वाले होते हैं।

9. हृदयरेखा में द्वीप होने की स्थिति में व जीवनरेखा सीधे होने की स्थिति में जीवन में काफी कष्ट आते हैं।

10. इन्हें गुस्सा बहुत आता है व छोटी–2 बातों को दिल से लगा लेते हैं–इसलिए यह बहुत संवेदनशील होते हैं।

इस अध्ययन के समय ग्रह दोष का भी ध्यान रखे, क्योंकि ग्रहों का भी प्रभाव इन रेखाओं पर पड़ता है।

7. गुरु ग्रह (पर्वत) से उदित मस्तिष्क रेखा–

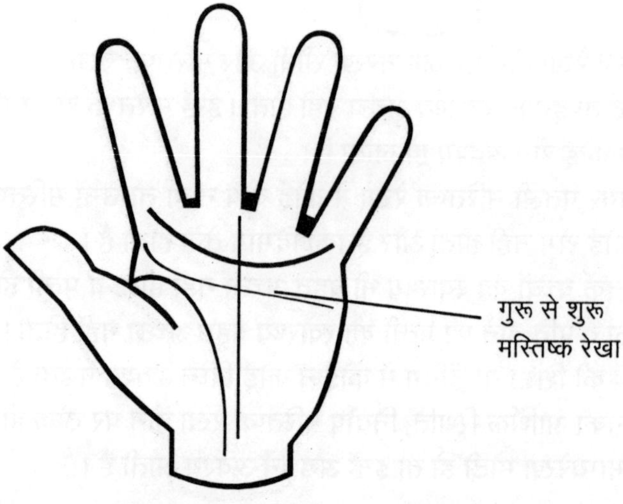

मस्तिष्क रेखा अगर गुरु ग्रह से उदित हो तो व्यक्ति में अनेक विशेषताएं आ जाती हैं। जैसे

1. ऐसे लोग बहुत ही समझदार होते हैं। प्रत्येक काम बहुत ही समझदारी से करते हैं व
जल्दबाजी में निर्णय लेने वाले नहीं होते।

2. ऐसे लोगों में आत्मविश्वास भी कूट–कूट कर भरा होता है तथा शासन करने की योग्यता भी इनमें पाई जाती है।

3. इन्हें जो काम करना होता है उसके पीछे रात–दिन एक कर देते हैं। इन्हें सफलता भी अवश्य मिलती है।

4. इनका बौद्धिक स्तर सामान्य से अधिक होता है इसलिए गलतियां भी कम करते हैं।

5. ऐसे व्यक्ति जिनकी मस्तिष्क रेखा गुरु ग्रह (पर्वत) से उदित होती है अपनी पत्नी की प्रशंसा भी बड़ी मुश्किल से करते हैं और रूठ जाने पर पत्नी को ही मनाना पड़ता है यह स्वयं कोशिश नहीं करते।

6. इनकी दोस्ती जिसके साथ होती है उसके साथ पूरी तरह निभाते।

7. इनकी सन्तान बहुत होशियार होती है। बचपन से ही अपने पराये का ज्ञान हो जाता है।

8. इस मस्तिष्क रेखा में दोष हो और मंगल क्षेत्र पर एक शाखा जाए तो अपने दुश्मन से बदला अवश्य लेते हैं।

9. साधारणतया ऐसे लोग–दयालु, मदद करने वाले, माफ करने वाले तथा दूसरों का दुख समझने वाले होते हैं।

8. मंगल से उदित मस्तिष्क रेखा–

मंगल से मस्तिष्क रेखा उदित होने पर मनुष्य के व्यवहार में विभिन्नता आ जाती है इसके गुण दोषों से जीवन कैसे प्रभावित होता है। इसका विवरण इस प्रकार है:

1. मंगल से मस्तिष्क रेखा निकलने पर व मस्तिष्क रेखा के निर्दोष होने पर व्यक्ति बहुत ही साहसी होता है हर प्रकार की मुसीबत का सामना

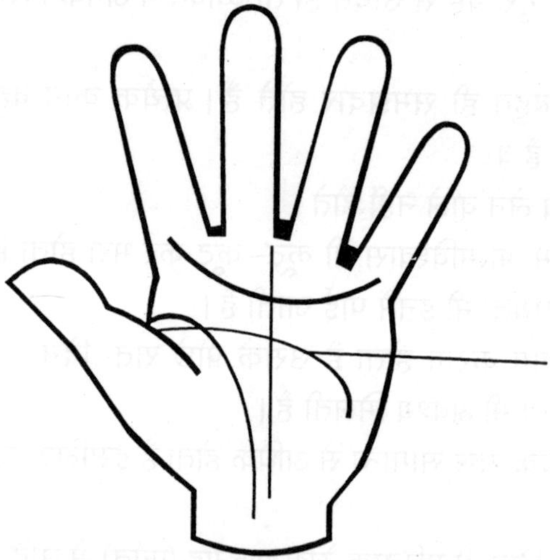

डटकर करने वाला होता है।

2. साफ–सुथरी मस्तिष्क रेखा होने पर कोई छोटी मोटी बात हो जाने पर भी एक दम झगड़ा मोल लेने वाले होते हैं।

3. अक्सर यह रेखा–बहादुरी के काम करने वालों के हाथों में होती है या खेलों में रोमांचक करतब दिखाने वालों के हाथों में होती है। जैसे सर्कस, क्रिकेट, धावक, आदि।

4. हृदय रेखा में द्वीप हो, व मस्तिष्क रेखा में भी द्वीप हो तो क्रोध में अपना आपा खो बैठते हैं। इन्हें ज्यादा गुस्सा रास नहीं होता है।

5. यदि अंगुलियां मोटी और मस्तिष्करेखा का अन्त मंगल पर हो व भाग्य रेखा मोटी हो, हाथ का रंग काला हो तो ऐसे व्यक्ति कत्ल करने वाले व ऊटपटांग काम करने वाले होते हैं।

6. एक मंगल से मस्तिष्करेखा निकले और दूसरे मंगल पर्वत पर ही इसका अन्त हो तो इन्हें जीवन में कभी न कभी कभी मांस, मदिरा या अन्य किसी नशीले पदार्थ का सेवन करने की लत अवश्य होती है।

7. मस्तिष्क रेखा व हृदय रेखा दोनों में ही दोष होने की स्थिति में इनकी पटरी अन्य लोगों से कम ही बैठती है। यह बचपन में बहुत ही ज़िद्दी होते हैं। इनका व्यवहार अपने माता–पिता से भी मेल नहीं खाता।

8. इन्हें रक्त सम्बन्धी दोष या चमड़ी का कोई न कोई रोग किसी भी अवस्था में अवश्य होता है।

9. हाथ सख़्त होने पर स्वभाव भी सख्त होता है। भाग्यरेखा मोटी होने पर दया की मात्रा भी कम होती है।

9. जीवन रेखा को छूकर निकली हुई मस्तिष्क रेखा–

जीवन रेखा को छूकर निकली हुई मस्तिष्क रेखा की भी अलग–अलग विशेषताएं हैं। यह रेखा अधिकतर हाथों में पाई जाती है। इसका अच्छा फल तभी होता है जब अन्य रेखाओं में दोष न हो:

1. ऐसे व्यक्ति सुलझे हुए व प्रत्येक कार्य को सोच समझ कर करने वाले होते हैं।

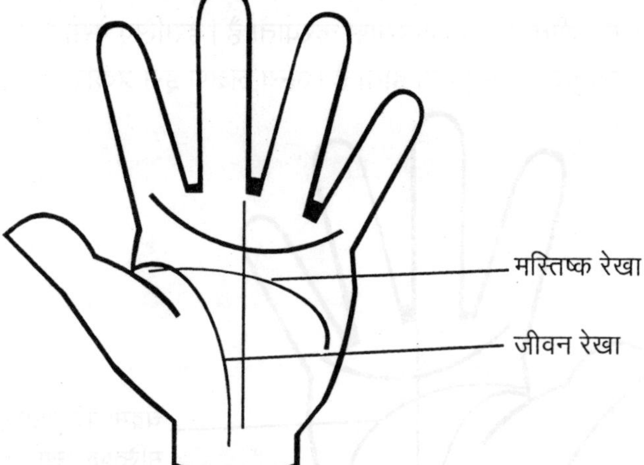

2. इस रेखा के साथ मस्तिष्क रेखा भी यदि साफ–सुथरी हो तो इन्हें अपने जीवन में कठिनाइयों का सामना धैर्यपूर्वक करने में प्रकृति भी बहुत साथ देती है।

3. अंगुलियां पतली और छू कर मस्तिष्क रेखा निकलती हो तो इनमें दया भावना भी बहुत होती है।

4. यदि यह मस्तिष्क रेखा अन्त में द्विभाजित हो जाए तो बहुत ही

समझदार होते हैं और शिक्षा में भी अव्वल होते हैं।

5. ऐसे व्यक्ति स्वयं तथा इनकी संतान दोनों ही जिम्मेदारी निभाने वाली होती है।

6. जीवन रेखा यदि मस्तिष्क रेखा के पास हो तो ये अपने परिवार के सदस्यों की खातिर अपने कई शौकों को तिलांजलि दे देने वाले होते है। पर फिर भी इन्हें यश नहीं मिलता।

10. चद्र क्षेत्र पर जाती हुई मस्तिष्क रेखा

किसी–किसी हाथ में मस्तिष्क रेखा चंद्रमा पर चली जाती है। अधिक मुड़ कर यदि चंद्रमा पर चली जाए तो यह एक दोष की स्थिति बनाती है। यदि साधारणतया मुड़ कर चली जाए तो यह दोष नहीं माना जाता है। चन्द्र ग्रह शीतलता का अहसास करवाता है। इसलिए ऐसी रेखा वाले लोगों के स्वभाव में शीतलता होती है। अन्य लक्षण इस प्रकार से हैं–

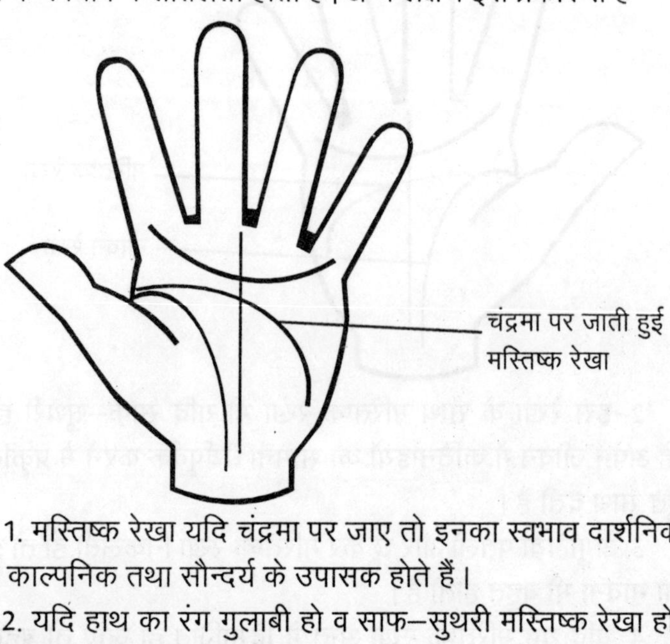

1. मस्तिष्क रेखा यदि चंद्रमा पर जाए तो इनका स्वभाव दार्शनिकों जैसा काल्पनिक तथा सौन्दर्य के उपासक होते हैं।

2. यदि हाथ का रंग गुलाबी हो व साफ–सुथरी मस्तिष्क रेखा हो। तो इनकी बातों में मधुरता होती है

3. यह दूसरों की मदद करने वाले व हितैषी होते हैं। अगर भाग्य रेखा की संख्या एक से अधिक हो तो दान पुण्य करने की भी प्रवृत्ति होती है।

4. ऐसे लोग लड़ाई–झगड़े में नहीं पड़ते हैं और बहुत ही तरक्की करने वाले होते हैं।

5. अधिक रेखाएं होने पर कल्पना की मात्रा बहुत अधिक होती है। प्रतिपल विचार बदलते रहते हैं।

6. यह रेखा साहित्यकारों के हाथों में होने पर विशेष तरक्की देने वाली होती है।

7. अगर यह रेखा एक दम मुड़कर चंद्रमा क्षेत्र की तरफ चली जाए व मस्तिष्क रेखा में दोष भी हो तो आत्महत्या का विचार बन जाता है। छोटी– छोटी बातों पर भी। अधिक दोष होने पर आत्महत्या कर लेते हैं।

8. ऐसे लोगों की अंगुलियां पतली होने व सीधी होने पर इन्हें कला या साहित्य के क्षेत्र में सफलता बहुत मिलती है।

इस प्रकार चंद्र की ओर जाने वाली मस्तिष्क रेखा एक प्रकार से मानवीय गुणों का समावेश करती है।

11. मंगल क्षेत्र पर जाती हुई मस्तिष्क रेखा

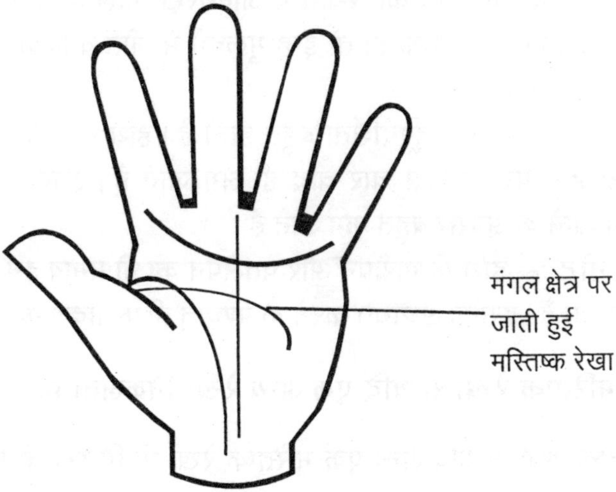

मस्तिष्क रेखा अगर मंगल पर जाये तो इसके फल किस स्थिति में अच्छे व किस स्थिति में बुरे होते हैं। अब इसका हम विवरण करेंगे:

1. मंगल पर जाने की स्थिति में यदि यह निर्दोष हो व अंगुलियां छोटी पतली हों तो बहुत ही समझदार होते हैं व इनकी संतान भी तेज होती है।

2. अगर हृदय रेखा से बारीक–बारीक रेखाएं मंगल पर जाती हुई मस्तिष्क रेखा पर जाएं तो बहुत ही संवेदनशील होते हैं। हाथ नरम हो (छूने पर) तो ये बहुत ही कामुक स्वभाव के होते हैं।

3. जीवन रेखा गोल व अंगूठा पीछे की तरफ जाने वाला हो तो इनकी शिक्षा–दीक्षा अच्छी होती है।

4. यदि यह रेखा अंगूठे वाले मंगल से निकलती हो तो, उन्हें जल्दबाज़ी में काम करने की आदत होती है। बातें भी बहुत करते हैं अगर यह हाथ काला या लाल हो ऐसे व्यक्तियों से सावधान रहना चाहिए। गुरु की अंगुली अगर सूर्य की अंगुली से छोटी हो तो सोच–समझकर इनके साथ मेल–मिलाप करना चाहिए–क्योंकि यह कोई भी अनैतिक काम कर सकते हैं।

5. निर्दोष मस्तिष्क रेखा होने पर यह शान्त स्वभाव के होते हैं। अंगुलियां यदि मोटी हों तो इन्हें गुस्सा भी आ जाता है।

6. मंगल पर जाने की स्थिति में जीवनरेखा गोल हो, व भाग्यरेखा की संख्या एक से अधिक हो तो इन्हें मुकदमें में जीत व दिया हुआ धन कम ही डूबता है।

7. ऐसे लोगों में दूरदर्शिता बहुत होती है। हाथ भारी व अंगुलियां पतली होने पर तो जैसे चार चांद ही लग जाते हैं। इनके जीवन में धोखा खाने के अवसर बहुत कम आते हैं।

नोट :– हाथ के भारीपन और पतलेपन का भी प्रभाव इन रेखाओं पर पड़ता है। इसका अध्ययन करने के पश्चात् ही फलादेश करें।

12. मस्तिष्क रेखा से यदि एक अन्य रेखा निकलती हो–

मस्तिष्क रेखा से यदि अन्य एक मस्तिष्क रेखा भी निकले तो मस्तिष्क

रेखा के प्रभाव को दुगना कर देती है। आइये अब इनके प्रभावों का विवरण देखें:

1. ऐसे व्यक्ति बहुत ही समझदार व विचारशील होते हैं। इन्हें अपने जीवन में बहुत कुछ करने का अवसर मिलता है।

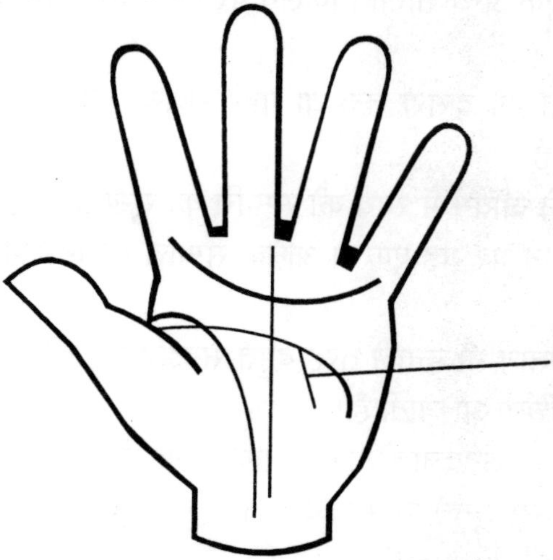

2. अपनी बात को स्पष्ट कहने की वजह से इनकी पटरी कम लोग के साथ ही बैठती है। इनमें सहनशीलता भी होती है।

3. मस्तिष्क रेखा में से एक अन्य शाखा निकलने पर क्रोध में भी नियन्त्रण रखना आता है। ये आपे से बाहर कभी नहीं होते।

4. ऐसी रेखा बनने पर इनमें शासन करने की योग्यता बहुत होती है यह बड़ा या छोटा किसी प्रकार का भी कार्य करते हो यह गुण इनमें विद्यमान रहता है।

5. एक खास बात यह है कि ये अपने साथ–साथ दूसरों का भी ध्यान रखने वाले होते हैं।

6. यह लोग किसी के दबाव में रहना पसन्द नहीं करते, फलस्वरूप अपना जीवन अपने ही बलबूते पर बनाने वाले होते हैं। दोस्ती निभाने वाले होते हैं। इन्हें अपनी चालाकी में कामयाबी नहीं मिलती या इन्हें ज़्यादा चालाकी रास नहीं आती। यह अगर सोचते भी हैं तो ज्यादा देर तक अपनी

इस बात पर स्थायी नहीं रहते हैं।

7. यह रेखा साफ–सुथरी हो तथा गुरु पर्वत व शुक्र पर्वत भी उठा हो तो इन्हें आसानी से किसी पर विश्वास नहीं होता।

8. यह अपने परिवार का दायित्व निभाने वाले होते हैं या ऐसे भी कह सकते हैं कि एक अन्य शाखा निकलने पर जिम्मेदारी निभाने वाले होते हैं।

9. अपनी बात को दूसरों तक या गहरे रहस्यों को सरलता से समझाने वाले होते हैं।

10. इन्हें अपने जीवन में स्वयं की सम्पत्ति का सुख होता है। हाथ उत्तम प्रकार का होने पर यह एक से अधिक सम्पत्ति का निर्माण करने वाले होते हैं।

11. इनकी संतान भी इनकी तरह बहुत समझदार होती है। इनमें बचपन से ही दूरदर्शिता आ जाती है।

12. इनमें अधिक संवेदना होती है जिसकी वजह से यह रो भी पड़ते हैं। इन्हें अपनी प्रशंसा सुनने पर भावविह्वल होने का बहुत ही खतरा सा होता है।

नोट : इसकी शाखा घूम कर जिस ग्रह पर भी पहुंचे उस ग्रह की विशेषता भी इनमें आ जाती है।

13. मस्तिष्क रेखा में त्रिकोण

मस्तिष्क रेखा में छोटे व बड़े दोनों प्रकार के त्रिकोण बनते हैं। इन त्रिकोणों का मानव जीवन पर कई प्रकार के प्रभाव पड़ते हैं। इसका निरीक्षण बहुत ही सावधानी से करना चाहिये क्योंकि छोटे, बड़े व मध्यम प्रकार के त्रिकोण; तीनों का फलादेश अलग–अलग होता है।

1. मस्तिष्क रेखा में छोटे–2
द्वीप या त्रिकोण बने होने पर सिर में भारीपन रहता है। इनका स्वभाव बहुत ही संदेशनशील होता है। जब तक यह छोटे–छोटे त्रिकोण हाथ में बने रहते हैं इन्हें अपने जीवन में संतोष भी नहीं मिलता।

2. ऐसे लोग, जिनके हाथ में मध्यम या छोटे–छोटे त्रिकोण बनते हैं

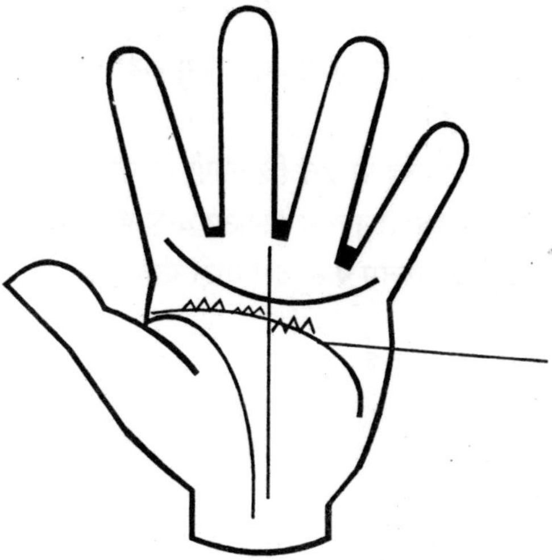

एक क्षण में कुछ व दूसरे क्षण में कुछ और सोचते हैं। एक जगह टिक कर काम करना इनके लिए थोड़ा मुश्किल होता है।

3. इनका पेट भी ठीक नहीं रहता। यह स्पष्टवादी होते हैं व आत्मविश्वास की इनमें कमी पाई जाती है।

4. इनमें कामुकता बहुत होती है। इसलिए दाम्पत्य जीवन में भी कभी–कभी टकराव हो जाता है इसी बात पर।

5. अगर मस्तिष्क रेखा का झुकाव चंद्र पर्वत पर हो व हृदय रेखा में भी दोष हो तो इनके मन में आत्महत्या का विचार बहुत जल्दी आ जाता है।

6. प्रेम सम्बन्ध होने पर प्रेमिका से बात–बात पर रूठ जाना और स्वयं मना लेना आदि चलता रहता है।

7. हाथ नरम होने, त्रिकोण बने होने व अंगूठा लचीला होने पर, खुद के स्वभाव से भी कई बार परेशान हो जाते हैं।

8. बड़े–बड़े त्रिकोण होने पर बड़ी आयु में पैरों में दर्द हो जाता है।

9. इनके कार्यों में रूकावटें बहुत अधिक आती हैं। इसका इन्हें धैर्यपूर्वक सामना करना चाहिए।

10. बड़े त्रिकोण यदि मस्तिष्क रेखा के ऊपर या नीचे की ओर बनता हो तो इन्हें उस आयु में आर्थिक लाभ होता है। यदि यह बड़ा त्रिकोण जीवन रेखा व मस्तिष्क रेखा के बीच में बनता हो तो निश्चय ही कोई

बड़ी आर्थिक मदद या लाभ मिलता है।

11. यदि बड़े–बड़े त्रिकोण हो और हाथ का रंग गुलाबी हो व हाथ भारी हो तो अवश्य ही धनी होते हैं।

नोट : अधिक रेखाओं के प्रभाव से इन त्रिकोणों के फल में कमी आ जाती है। अगर यह बड़े–बड़े त्रिकोण कम रेखाओं वाले हाथों में और साफ सुथरे बने हों तो पर बहुत ही उत्तम फल देने वाले होते हैं।

11. मस्तिष्क रेखा के साथ सटी हुई एक अन्य मस्तिष्क रेखा–

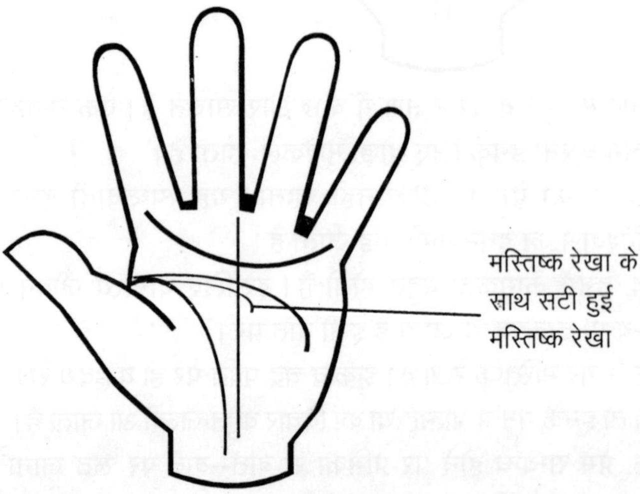

मस्तिष्क रेखा के साथ यदि एक पतली सी सटी हुई रेखा बनती हो तो यह मस्तिष्क रेखा के गुणों में कमी कर देती है। इसके उपस्थित होने पर:

1. व्यक्ति को मस्तिष्क सम्बन्धी या पेट सम्बन्धी रोग हो जाते हैं।
2. इनके जीवन में एक्सीडेंट का भय बना रहता है। या चोट बहुत लगती है।
3. इन्हें अपने रिश्तेदारों का सहयोग नहीं मिलता।
4. इनका व्यवसाय लगातार नहीं चलता।

5. बेकार के झगड़े व मुकदमें इन्हें अनावश्यक रूप से तंग करते हैं।

6. लोग इनसे वायदा करके भी पूरा नहीं करते और यह स्वयं भी कभी–कभी इस आदत के शिकार हो जाते हैं।

7. जब तक यह रेखा रहती है। तब तक जीवन में कठिनाई विशेष रूप से बनी रहती है।

नोट : पूजा या हवन द्वारा इस दोष को अवश्य शांत किया जा सकता है। इसलिए ईश्वरीय शरण में जाना अति आवश्यक है।

7

भाग्य रेखा

भाग्य रेखा का परिचयः–

नैवाकृतिः फलति नैव कुलं न शीलं।
विद्याऽपि नैव न च यत्न कृतापि सेवा।
भाग्यानि पूर्वतपस्य खलु सच्चितानि।
काले फलन्ति पुरुषस्य यथैव वृक्षाः।।

भर्तृहरि नीतिशतक, श्लोक पुरूष की सुन्दर आकृति, कुछ फल नहीं देती और उत्तम कुल, शील, विद्या तथा बड़े यत्न से की हुई सेवा, इनमें से कोई भी फल भाग्य बिना नहीं मिलता। पूर्व तपस्या के संचित किये हुए भाग्य ही मनुष्यों को समय आने पर वृक्ष के तुल्यफल देते हैं।

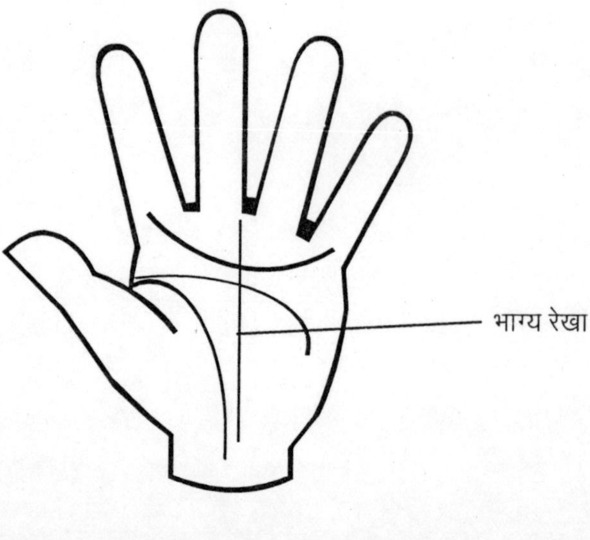

भाग्य रेखा उसे कहते हैं जो रेखा, जीवन रेखा से निकलकर, या थोड़ी दूरी से निकलकर शनि क्षेत्र पर या शनि क्षेत्र से थोड़े समाप्त होती हो।

भाग्य रेखा से मनुष्य के जीवन के कंई आयामों का पता चलता है जैसे, धन, व्यापार, सम्पत्ति, सवारी सुख आदि।

भाग्य रेखा का हाथ में सूक्ष्म निरीक्षण करना अति आवश्यक है। अन्य रेखाओं व ग्रहों को भी के फल को मद्देनज़र रखने के बाद ही इसका फलादेश करना चाहिए। भाग्यरेखा का पूर्ण रूप से अपना अलग अस्तित्व नहीं है। मैनें खुद, रिक्शा चालक व भीख मांगने वालों के हाथों में बहुत अच्छी भाग्य रेखा देखी है। पर उनकी स्थिति बहुत ही दयनीय है। इससे पता चलता है कि भाग्यरेखा का अलग से महत्व या फल नहीं होता है। अन्य रेखाओं का प्रभाव भाग्य रेखा के गुणों को खत्म कर देता है या गुणों में कमी भी ला देती है।

अक्सर कई हस्तरेखा विशेषज्ञ फलादेश; केवल भाग्य रेखा को देखकर ही करते हैं और कहते हैं भाग्यरेखा फल नहीं दे रही हैं पर उनकी रेखा बहुत अच्छी है। यह ज्ञान तब उनकी सीमा से भी परे हो जाता है। अगर सभी रेखाओं का फल मद्देनज़र रखकर देखा जाए तो आप स्वयं ही जान सकते हैं कि भाग्य रेखा उत्तम फल क्यों नहीं दे रही है; या कौन सी ऐसी रूकावटें हैं जो भाग्य रेखा के फल में कमी ला रही है। कई बार रेखाएं अच्छी होने के बावजूद कोई ग्रह दोष या अन्य कोई दोष हो सकता है। जिसका निवारण करवाकर हम इसके दोषों में कमी ला सकते हैं।

अब हम उन कारणों का उल्लेख करेंगे जिनसे भाग्य में उन्नति व अवन्नति होती है। कई लोगों के हाथों में भाग्य रेखा में दोष होता हैं इसलिए सर्वप्रथम में भाग्य रेखा दोषपूर्ण लक्षण का उल्लेख करूंगी।

1. दोषपूर्ण भाग्य रेखा–

जब भाग्यरेखा पूरी तरह शनि ग्रह पर समाप्त न हो, या मोटी हो, पतली हो, बड़े–2 त्रिकोणों से आरंम्भ हो तो यह सब भाग्यरेखा में दोष उत्पन्न

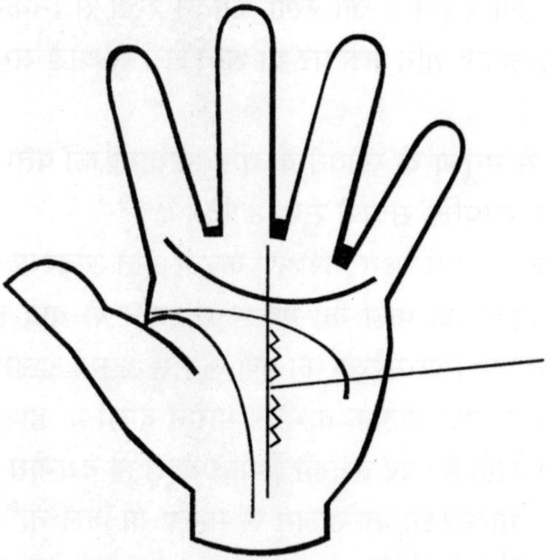

करते हैं इन दोषों के कारण मनुष्य के जीवन पर कई प्रकार के दुष्प्रभाव पड़ते हैं। जैसे–प्रत्येक कार्य में बाधा आती है, दिया हुआ धन डूब जाता हैं कोई भी व्यापार करने पर सफलता नहीं मिलती आदि।

सम्बन्धियों की मदद भी नहीं मिलती स्वयं संघर्ष करके जीवन बनाना पड़ता है। आय से अधिक व्यय होता है।

दामपत्य जीवन में भी अशांति बनी रहती है मनुष्य के स्वभाव में निराशा छा जाती है।

मन कहीं पर टिकता नहीं है। स्वभाव से जल्दबाज़ या उतावले हो जाते हैं इस वजह से नुकसान भी होने लगते हैं। पैसा लेने पर समय पर चुकता नहीं कर पाते हैं।

कामुक प्रवृत्ति बढ़ती जाती है। अपनी तृप्ति हेतु कई बार प्रेम सम्बन्ध या अनैतिक सम्बन्ध स्थापित करने के प्रयास करते हैं।

दोष की अवस्था में उन्हें यह अच्छा नहीं लगता कि उनकी कही हुई बात को परिवार वाले काटें। अगर परिवार वाले ऐसी बातें करते हैं तो इनके मन में घर को छोड़ देने की 'प्लेनिंग' बनती रहती है। पर छोड़ भी नहीं पाते।

इन्हें जो लत लग जाती है उसको बदलना इनके लिए कठिन हो जाता है।

इनको अपने जीवन का पूर्ण मकसद मिल ही नहीं पाता। अगर मिलता है तो धनाभाव के कारण इस अवस्था में उनका मकसद पूरा नहीं हो पाता। इधर उधर मारे मारे फिरते हैं।

कई बार देखने में आया है कि इस दोष की वजह से इनमें चोरी चकारी जैसी आदतें या लड़की होने पर अपने आपको बेचने के लिए मजबूर हो जाती है। मुझे कई औरतों ने अपनी व्यथा बताई कि उन्होंने ना चाहते हुए भी यह सब किया क्योंकि आर्थिक कष्ट सुलझने का नाम ही नहीं ले पा रहे थे। तत्पश्चात् मैंने और महिलाओं के हाथ भी देखें और मैं इस निष्कर्ष पर पहुंची।

अगर विवाह की बात हो, तो रिश्ते आने पर बात नहीं बन पाती और मन टूट सा जाता है।

नोट : 1. इस दौर में अगर भाग्य रेखा की शांति हेतु पाठ या ध्यान करें तो कष्ट में अवश्य राहत मिलती है।

2. निर्दोष भाग्य रेखा—भाग्य रेखा के निर्दोष होने पर मनुष्य को अनेक प्रकार से लाभ मिलते हैं किन्तु बिलकुल निर्दोष भाग्यरेखा विरले ही लोगों के हाथ में होती है।

बहुत अच्छी किस्मत होने पर ही यह रेखा हाथ में होती है। इसके होने पर कई लाभ होते हैं। परन्तु इसके साथ कुछ दूसरे अनिवार्य लक्षण होना

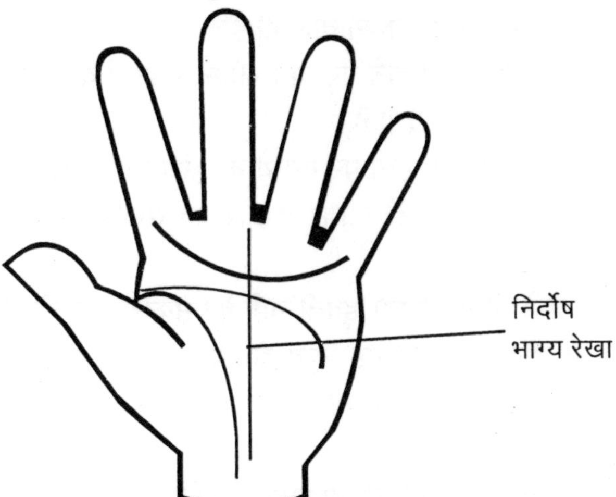

भी जरूरी है। जैसे भाग्य रेखा की संख्या का एक से अधिक होना, जीवन रेखा से अन्य भाग्य रेखा का निकलना। अब हम निर्दोष भाग्यरेखा के गुणों का विवरण विस्तार से करेंगे:

1. निर्दोष भाग्यरेखा के होने पर व्यक्ति में मिलनसार होने का गुण व एक से अधिक भाग्यरेखाएं होने पर दूसरों की मदद का गुण स्वभाविक रूप से आ जाता है।

2. इनका जीवन इनकी मेहनत से आगे बढ़ता है और इन्हें अपने जीवन में लगातार सफलता मिलती रहती है। यह अपने आय के साधनों में भी बढ़ोतरी करते रहते हैं।

3. इनके सम्बन्ध प्रतिष्ठित व्यक्तियों के साथ होते हैं।

4. ऐसे लोगों को जीवनसाथी, सम्पत्ति, सवारी आदि सभी चीजों का सुख प्राप्त करने व सहायता करने वालों की कमी नहीं होती। यह खुद भी दूसरों की मुसीबत में काम आने वाले होते हैं।

5. हाथ का रंग यदि गुलाबी हो तो इन्हें आज्ञाकारी संतान मिलती हैं जो जीवन में तरक्की करने वाली होती है।

6. इनकी सेहत भी बहुत अच्छी होती है। बदलते मौसम का प्रभाव इन पर कम ही पड़ता है तथा पाचनशक्ति भी अच्छी होती है।

7. ऐसे लोग निष्पक्ष राय देने वाले होते हैं। सभी ग्रह उठे हों तो राय देने के साथ–2 मदद करने वाले भी होते हैं।

8. भाग्यरेखा सुन्दर होने पर यदि जीवन रेखा में दोष आ जाये तो गुणों की महत्ता कम कर देती है।

9. अच्छी भाग्यरेखा होने पर मनुष्य को संघर्ष की स्थिति में प्रकृति की तरफ से ही बल प्राप्त हो जाता है और यह सफलता हासिल करते हैं।

10. इनकी दी हुई रकम डूबती नहीं है। मकान इत्यादि बनाने पर इन्हें लाभ ही होता है। सभी ग्रह उच्च होने पर बहुत ही बड़े–2 पदों पर प्रतिष्ठित होते हैं और जीवन का अधिकतर समय कुशलपूर्वक बीतता है।

नोट : अन्त में यह कहना आवश्यक है यदि अन्य रेखाओं में दोष है

तो भाग्य रेखा के फल में थोड़ी बहुत कमी अवश्य कर देती है।

3. जीवन रेखा से उदय होती भाग्य रेखा–

भाग्य रेखा का निकास हाथ में कई स्थानों से होता है जैसे जीवन रेखा से शनि के स्थान से मस्तिष्क रेखा से, चंद्रमा से मंगल से, व हृदय रेखा

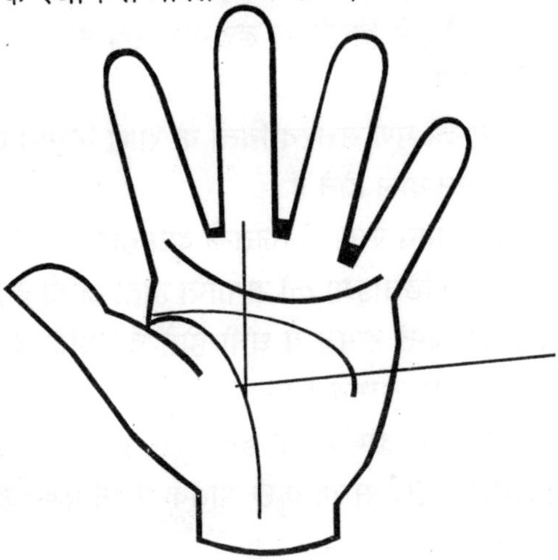

आदि से। अब हम जीवन रेखा से उदय होती भाग्य रेखा का फलादेश देखेंगे। सर्वप्रथम जीवन रेखा से यदि भाग्य रेखा निकले तो इसके फल का परिणाम का विवरण करेंगे।

1. भाग्यरेखा यदि जीवन रेखा से उदय हो तो ऐसे मनुष्यों को पारिवारिक मदद नहीं मिलती। अपना जीवन अपने बलबूते पर बनाने वाले होते हैं।

2. ऐसे व्यक्ति जिस काम में लगे होते हैं उसे ही बढ़ाने की सोचते रहते हैं। व्यर्थ में व्यवसाय को बदल–2 कर करने का इन्हें शौक नहीं होता।

3. ऐसे लोगों के व्यवसाय की संख्या कई बार एक से अधिक पाई जाती है।

4. यदि यह भाग्य रेखा पहले मोटी तथा बाद में पतली हो जाए,

गुरु की अंगुली सूर्य की अंगुली के बराबर या बड़ी होने पर इन्हें अपने जीवन में सफलता अवश्य मिलती है। तथा यह दूसरों की मदद करने वाले होते हैं।

5. ऐसे व्यक्ति समाज सेवक, भविष्यवेत्ता, और निर्दोष भाग्यरेखा होने पर उच्च पदों पर आसीन होते हैं।

6. इनके विचारों का तालमेल अपने परिवार के सदस्यों के साथ बहुत अच्छा नहीं होता है यह किसी से डर कर नहीं रहते और अपनी मनमर्जी करने वाले होते हैं।

7. यह अपने काम को पूर्ण उत्तरदायित्व के साथ निभाने वाले होते हैं और फुर्ती से काम करने वाले होते हैं।

8. यह भाग्यरेखा, जीवन रेखा से जितनी दूरी होती जाती है जीवन में उतना ही आनंद तथा कठिनाइयों की समाप्ति होती जाती है।

9. ऐसे लोग अपने अन्त समय में धनी होते हैं। यदि किसी अन्य रेखा में दोष होने पर ही ऐसा सम्भव है।

10. यदि जीवन रेखा में दोष हो तो इन्हें कुछ अधिक संघर्ष करना पड़ता है और सफलता के लिए संघर्ष कुछ अधिक करने पड़ते हैं।

4. जीवन रेखा के पास से निकलती हुई स्वतन्त्र भाग्य रेखा

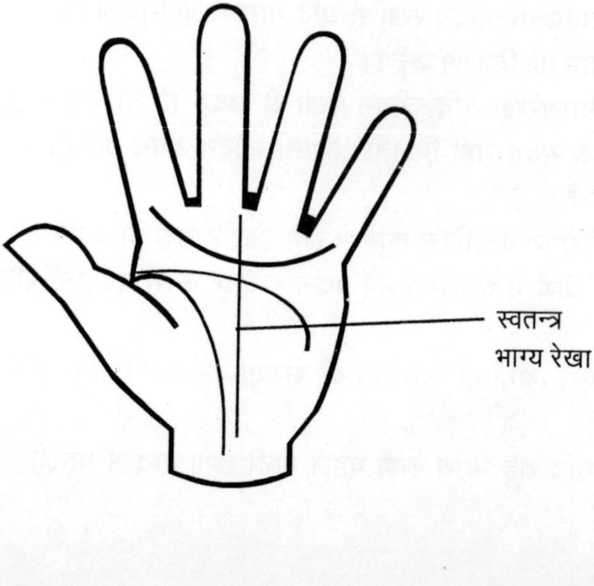

यदि भाग्य रेखा जीवन रेखा से होकर निकले और हाथ का रंग गुलाबी अंगुलियां सीधी हों तो ऐसे व्यक्ति अपना जीवन अपने बलबूते पर बनाने वाले और सफल होते हैं।

2. ऐसे लोग अपनी सूझबूझ से चलते हैं। सबकी सुनेंगे पर करेंगे अपनी।

3. ऐसे लोग कर्त्तव्य को पूरे दायित्व के साथ निभाने वाले होते हैं।

4. भाग्यरेखा यदि शुरू में मोटी हो तो इनके स्वभाव में लापरवाही आ जाती है अपनी मन मर्जी करना घर वालों की बात पर गौर ना करना बगैर बात के घर में अशान्ति इनके टेढ़े–मेढ़े जवाब देने की वजह से हो जाती है। शुरू में माता पिता को ऐसी औलाद नालायक लगती है और इस विषय में चिन्ता रहती है कि इनके भविष्य का क्या होगा? लेकिन बाद में भाग्य रेखा के पतले हो जाने से दोष खत्म हो जाता है।

5. सभी ग्रह उठे होने तथा भाग्य रेखा मोटी से पतली होने की स्थिति में विशेष तरक्की करने वाले होते हैं और एक साथ कई प्रकार के व्यापार करने वाले होते हैं।

6. इस प्रकार की अलग से निकली हुई भाग्यरेखा यदि हृदय रेखा या मस्तिष्क रेखा पर रूक जाये तो इन्हें दोस्तों से नुकसान भी होता है।

नोट– भाग्यरेखा की संख्या अधिक होने पर कई प्रकार के नुकसानों व आने वाले कष्टो से राहत मिल जाती है।

5. मस्तिष्क रेखा से उदित भाग्य रेखा–

भाग्य रेखा यदि मस्तिष्क रेखा से उदित हो तो इसका भी फलादेश अलग ही प्रकार का होता है। यह भी भाग्य रेखा के फल में परिवर्तन कर देती है:–

1. मस्तिष्क रेखा से यदि भाग्यरेखा
निकलती है तो ऐसे व्यक्ति अपने ही बलबूते पर कार्य करने वाले होते हैं। हाथ भारी तथा अंगुलियां सीधी होने पर बहुत ही तरक्की करने वाले होते हैं।

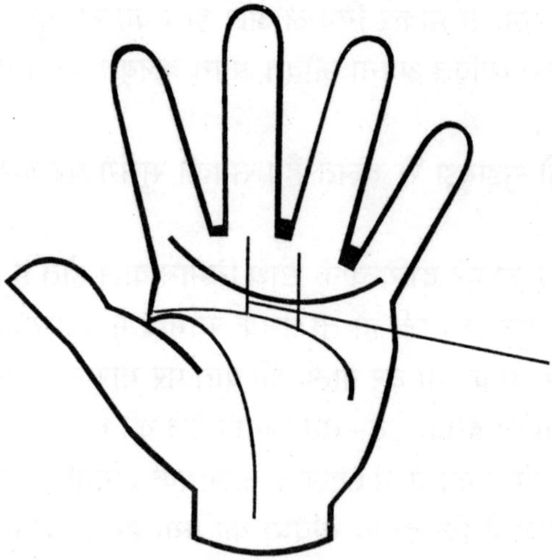

2. ऐसे व्यक्तियों को उस आयु में जहां से भाग्यरेखा उदित होती है विशेष तरक्की मिलती है। यहां पर भाग्यरेखा की संख्या भी एक से अधिक होने पर चहुंमुखी प्रतिभा का प्रतिवादन करने वाले होते हैं किन्तु ऐसा विरलों के हाथों में ही होता है।

3. भाग्यरेखा के उदय होने से पहले का समय जीवन में कोई विशेष उन्नति नहीं लाता। यदि इस समय मस्तिष्क रेखा की एक शाखा गुरु से निकले तो सफलता पहले भी मिलती है।

4. काले हाथों में या टेढ़े–मेढ़े हाथों में यह भाग्य रेखा और कष्टदायक होती है।

5. जीवन रेख़ा सीधी होने पर यदि ऐसी भाग्य रेखा हो उन्हें अपने जीवन में संघर्ष ही करना पड़ता है तथा संतान सुख भी पूरी तरह से प्राप्त नहीं होता है।

6. चन्द्र क्षेत्र से उदित भाग्य रेखा–

चन्द्रमा के क्षेत्र से भाग्य रेखा का उदय होना भी एक खास लक्षण है प्रायः हाथों में यह रेखा देखने में मिलती है।

ऐसा होने पर हाथ में कई महत्वपूर्ण लक्षण आ जाते हैं जिसका

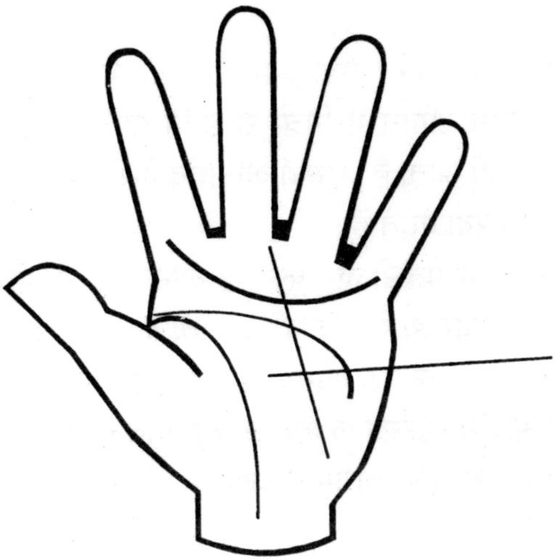

विवरण अब हम करेंगे:

1. अन्य रेखाओं की तरह चंद्रमा क्षेत्र से उदित भाग्य रेखाएं निर्दोष स्थिति में होने पर बहुत ही उत्तम फल देती हैं। चंद्रमा से भाग्य रेखा निकलकर सीधे शनि के क्षेत्र में जाने पर इन्हें दूसरों से लाभ होता है।

2. स्त्रियों के हाथों में यह रेखा होने पर जिस घर में भी इनका विवाह होता है वहां पर तरक्की होती जाती है। पति के लिए यह लक्ष्मी समान होती है।

3. यदि चन्द्र क्षेत्र से भाग्यरेखा निकले और वहां पर आड़ी रेखाएं हो और चंद्र क्षेत्र से निकली यह भाग्य रेखा उन रेखाओं को काट दे ऐसी स्थिति में स्त्री का प्रभाव अपने पति पर कम पड़ता है और पति अपनी मनमर्जी करने वाले और पत्नी की बातों को अनसुना करने वाले होते हैं या उसकी बातों को कम सुनने वाले होते हैं।

4. इन्हें पानी से व पानी वाली जगह से प्यार होता है। इनकी कोशिश होती है कि पानी वाले स्थान पर एक जगह ली जाये। गुदगुदा हाथ होने पर स्विमिंग पुल भी बनाते हैं। इनकी नौकरी ऐसे स्थान पर या व्यवसाय ऐसे स्थान पर करते हैं जहां आस पास पानी हो।

5. चंद्रमा क्षेत्र से भाग्यरेखा निकलकर सीधे शनि के क्षेत्र पर जाने से इन्हें लड़का होने पर लड़कियों से लाभ और लड़की होने पर लड़कों

से लाभ होता है।

6. यदि चंद्र क्षेत्र से उदित भाग्य रेखा हृदय रेखा के नीचे या उस पर रूक जाये तो इन्हें अपने जीवन में मित्रों से हानि होती है। इन्हें 'पार्टनरशिप' में काम रास नहीं आता है। दूसरों की मदद करने की वजह से यह अपना नुकसान भी करवा बैठते हैं।

7. यदि भाग्यरेखा मोटी से पतली होने पर इन्हें लाभ होता है। शुरू में यह भाग्य रेखा पढाई या व्यवसाय में रूकावट डालती है।

8. शुक्र व चंद्र उन्नत होने पर यह कामुक प्रवृत्ति के होते हैं। यदि हृदय रेखा में द्वीप भी हो और भाग्यरेखा के शुरू में चंद्र पर्वत पर त्रिकोण बनता हो तो इनके अनैतिक सम्बन्ध कायम हो जाते हैं। या प्रेम सम्बन्ध भी पाये जा सकते हैं।

9. चंद्रमा से निकली यह रेखा कभी–2 राजनीति का भी शौक पैदा करती है। निर्दोष रेखाएं होने पर यह शुरू से ही अपना रौब व गुट बनाकर नेताबाज़ी करने वाले होते हैं। यह समझदार होते हैं और शासन करना इन्हें अच्छा लगता है इस वजह से यह किसी तरह से अपना शौक भी पूरा करते हैं।

7. भाग्य रेखा का शनि क्षेत्र पर अन्त–

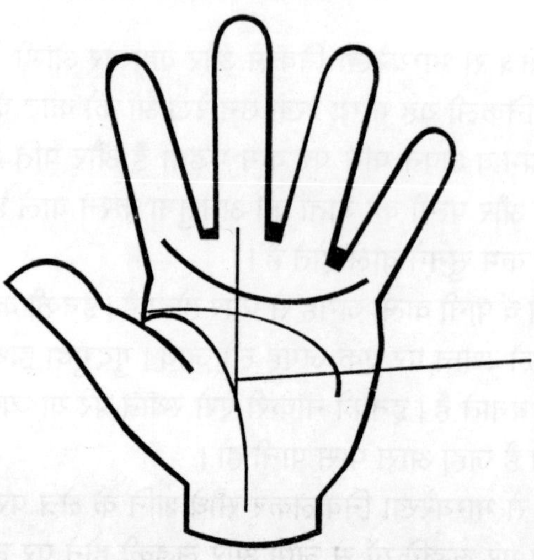

भाग्य रेखा का शनि क्षेत्र पर अन्त निर्दोष अवस्था में होने पर बहुत अच्छा लक्षण है। ऐसे व्यक्ति को अपनी जिन्दगी में सभी प्रकार के सुख मिलते हैं। सभी लोग इनसे मदद की आकांक्षा रखते हैं और
यह यथासंभव मदद करते भी हैं।

दोनों हाथों में भाग्यरेखा यदि एक जैसी हो तो उन्हें अपने माता या पिता के कार्य में भाग लेना या ये पिता का काम करने वाले होते हैं और उन्हें भी अपने जीवन में सफलता हासिल होती है।

8. गुरु ग्रह पर जाती भाग्यरेखा–

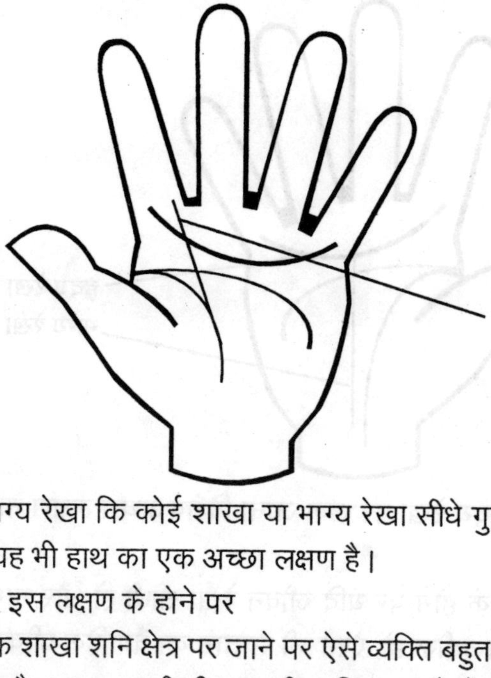

यदि भाग्य रेखा कि कोई शाखा या भाग्य रेखा सीधे गुरु ग्रह पर समाप्त हो तो यह भी हाथ का एक अच्छा लक्षण है।

1. इस लक्षण के होने पर
और एक शाखा शनि क्षेत्र पर जाने पर ऐसे व्यक्ति बहुत ही सौभाग्यशाली होते हैं और बहुत जल्दी ही तरक्की हासिल करते हैं। पर सीधे गुरु के स्थान पर जाने से इनके जीवन में उन्नति के साथ–2 काफी बाधाएं भी आती रहती हैं। यह 35 वर्ष के बाद ही उन्नति करते हैं।

2. इनके अन्दर आत्मविश्वास बहुत होता है। इन्हें जो अच्छा लगता है वह कर डालते हैं भले ही नुकसान हो।

3. इनके जीवन में ऐसी कई बातें होती रहती हैं। जिसकी वजह से यह मानसिक रूप से अशांत भी रहते हैं।

4. ऐसा लक्षण होने पर बुद्धिमता तो पाई जाती है पर इस बुद्धिमता का लाभ यह ले नहीं पाते।

5. इन्हें अपने जीवन में परिवार वालों का पूरा स्नेह व पूरा सहयोग कम ही मिलता पाया गया है।

9. भाग्य रेखा का हृदय रेखा पर रूक जाना—

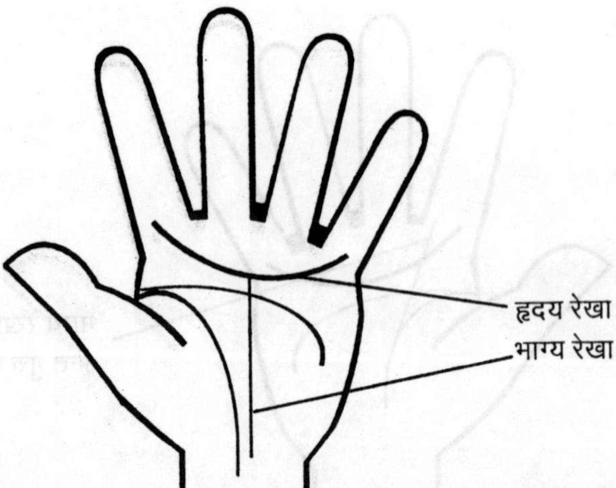

भाग्य रेखा का हृदय रेखा पर रूक जाना विशेष अच्छा लक्षण नहीं माना जाता।

इस लक्षण के होने पर यदि जीवन रेखा सीधी हो और भाग्य रेखा जीवन रेखा के नजदीक हो, ऐसों की सन्तान का वैवाहिक जीवन अच्छा नहीं होता है।

2. यदि यह भाग्यरेखा मोटी होकर हृदय रेखा पर रूके तो भी सन्तान का शिक्षा की तरफ झुकाव नाममात्र ही होता है।

3. भाग्यरेखा का हृदय रेखा पर रूक जाना और हृदय रेखा में द्वीपों का आ जाना व्यक्ति के जीवन में प्रेम सम्बन्धों को दर्शाता है। प्रेम

सम्बन्धों से बदनामी भी मिलती है। यदि हाथ में अन्य दोष भी उपस्थित हो तो।

4. भाग्य रेखा के इस प्रकार से होने पर एक जगह दिल नहीं लगता। कभी कुछ तो कभी कुछ प्लान बनाते रहते हैं। घर में इन्हें शांति नहीं मिलती है। ऐसे लोग अपना काम छोड़कर दूसरों के पीछे–2 भागते हैं तो भी इन्हें कामयाबी नहीं मिलती है। यह लोग आज़ाद रहना चाहते हैं। इनके ऊपर पारिवारिक जिम्मेदारियां आने पर उनसे बचने की कोशिश करते हैं। हां हाथ में अन्य रेखाएं अच्छी होने पर दोषपूर्ण फल में कमी अवश्य हो जाती है।

5. शुक्र ग्रह के विकसित होने पर एवं जीवन रेखा के सीधे होने पर, हृदय रेखा में दोष होने और हथेली नरम होने पर कामुक स्वभाव व विपरीत लिंग के प्रति इनका आर्कषण बहुत अधिक होता है तथा इन्हें अपने व्यवसाय में, वैवाहिक जीवन में तथा प्रेम सम्बन्धों में सन्तुष्टि नहीं मिल पाती है।

6. इस प्रकार की भाग्यरेखा का अन्त हृदय रेखा पर होने से व्यक्ति के चरित्र में भी कई प्रकार की विभिन्नताएं आ जाती है। जैसे लापरवाही, दूसरे पर विश्वास जल्दी कर लेना, नरम स्वभाव, रहम, किसी के कहने पर पैसा लगा देना, और पूरी तरह से विचार ना करना, इनका लगाया ध ान डूब जाना और मांगने की हिम्मत पूरी तरह से ना जुटा पाना आदि।

7. अंगुठा आगे कि तरफ होने पर गुस्सा अधिक करने वाले व जल्दबाज हो जाते हैं।

8. इस प्रकार की रेखा होने पर यदि हाथ पतला, अंगुलियां आगे की तरफ हों व हथेली सख्त हो तो इन्हें व्यवसाय या किसी अन्य काम में तीव्र रुचि नहीं हो पाती है। जिस वजह से इनकी आर्थिक स्थिति बहुत अच्छी नहीं रहती है।

10. मस्तिष्क रेखा पर भाग्य रेखा का अन्त–

भाग्य रेखा का मस्तिष्क रेखा पर अन्त एक ऐसा लक्षण है जिसमें जीवन

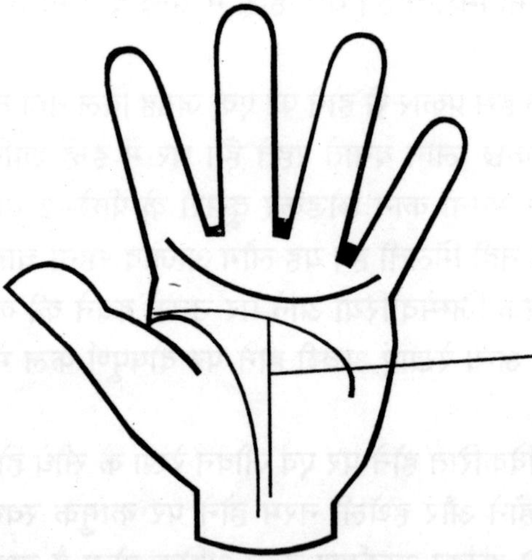

में अनेक कठिनाइयों का सामना करना पड़ता है। अन्य रेखाओं का दोष स्थिति को ओर अधिक गंभीर बना देता है:

1. भाग्य रेखा का मस्तिष्क रेखा पर अन्त हो, अंगुलियां मोटी हो, व हृदय रेखा से शाखाएं निकलकर मस्तिष्क रेखा तक आ जायें तो मनुष्य को अपने जीवन में धोखे सहने पड़ते हैं। पार्टनरशिप ऐसे लोगों को रास नहीं आती।

2. शुक्र ग्रह के उन्नत होने, भाग्यरेखा के जीवन रेखा के निकट होने, जीवन रेखा और मस्तिष्क रेखा का जोड़ सामान्य से अधिक होने पर इन्हें जायदाद या मकान सम्बन्धी परेशानी आती है। इन्हें बंटवारे के समय लाभ नहीं होता है।

3. यदि भाग्यरेखा हाथ में एक से ज्यादा हो व जीवन रेखा गोल हो तो इनके व्यवसाय की संख्या एक से अधिक होती हैं और इन्हें ज्यादा कठिनाई का सामना नहीं करना पड़ता है।

4. भाग्यरेखा के मस्तिष्क रेखा पर रूकने से व्यक्ति की प्रकृति सबसे स्नहेपूर्वक नहीं रहती। यह किसी भी कार्य से जल्दी ऊब जाते हैं और बगैर वजह इनके झगड़े भी होते रहते हैं।

5. इस रेखा के मस्तिष्क रेखा पर रूकने व अन्य रेखाओं में दोष होने पर सन्तान सुख में बाधा आती है।

6. इन्हें ना चाहने वालो की संख्या अधिक होती है। इन्हें किसी न किसी रिश्तेदार के विरोध का सामना भी करना पड़ता है।

7. एक जगह टिक कर काम ना करने की वजह से इन्हें काम या स्थान में परिवर्तन भी करने पड़ते हैं।

8. ऐसे लोग अपनी गलतियों को दोहराने वाले होते हैं जिसकी वजह से इन्हें अपने परिवार से नहीं मिलता है।

9. भाग्यरेखा का मस्तिष्क रेखा पर रुकना व हाथ का नरम होना व्यक्ति की प्रवृत्ति को बेहद संवेदनशील बना डालते हैं ऐसे लोग छोटी–2 बातों को दिल से लगा लेने वाले होते हैं। कई बार बगैर किसी वजह के भी मानसिक तनाव में रहते हैं।

10. सभी रेखाएं स्पष्ट होने पर ऐसे लोग ईमानदार होते हैं पर इन्हें अपनी सच्चाई व ईमानदारी का कोई लाभ नहीं मिल पाता।

11. कई बार ऐसा भी देखने में आता है कि इनके ऊपर गलत लांछन लगाये जाते हैं। यह सच्चाई साबित नहीं कर पाते हैं और मन ही मन अपने आप को व अपनी किस्मत को कोसते रहते हैं इन्हें अपने कामों में सफलता नहीं मिल पाती है।

11. भाग्य रेखा का जीवन रेखा से थोड़ा दूरी पर होना–

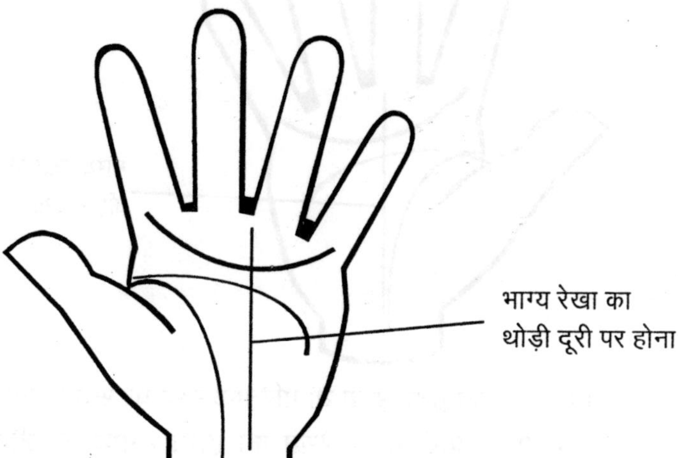

भाग्य रेखा का फलादेश करते समय इस बात को भी ध्यान में रखना अति आवश्यक हैं क्योंकि इससे भी फलादेश में काफी मदद मिलती है।

भाग्यरेखा का जीवन रेखा से थोड़ा दूर होना अच्छा माना जाता हैं दूर होने पर और भाग्यरेखा के निर्दोष होने पर व्यक्ति में उत्तरदायित्व निभाने की भावना, दूसरों को समझने की योग्यता व बुद्धिमता होती है। इन्हें अपने परिवार से अत्यन्त प्रेम होता है यह हमेशा साथ–2 रहने के पक्ष में होते हैं।

आर्थिक पक्ष से देखा जाए तो यह अपनी मेहनत और सूझ–बूझ से अपने आपको योग्य बना लेते हैं। इन्हें दूसरों का सहयोग भी प्राप्त होता है। पैसा खर्च करने के मामले में यह विवेक से काम लेने वाले होते हैं।

12. भाग्यरेखा जीवन रेखा के पास–

इसका भी फलादेश पर काफी प्रभाव पड़ता है। यह लक्षण हाथ की गुणवत्ता को कम करने वाला होता हैः

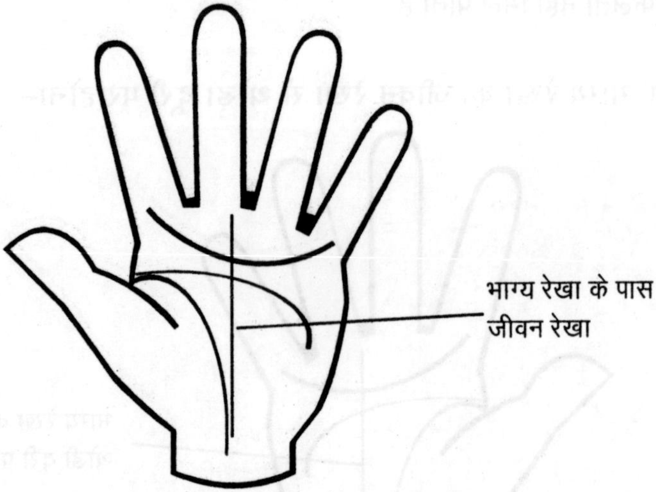

1. भाग्य रेखा का हृदय रेखा या मस्तिष्क रेखा पर रूका होना, साथ ही जीवन रेखा के पास भाग्य रेखा का होना मनुष्य के जीवन में अत्याधिक संघर्ष का द्योतक है।

2. भाग्य रेखा का मोटा होकर जीवन रेखा के पास होना, मानसिक क्लेश का कारण बन जाता है।

3. जीवन रेखा के पास भाग्य रेखा का पतले होकर किसी रेखा पर रूक जाना ज्यादा कष्टकारक नहीं होता।

4. जीवन रेखा के साथ–2 चलने भाग्यरेखा होने से व्यक्ति ना चाहते हुए भी अपने परिवार के अधीन होकर चलता है।

5. भाग्य रेखा के जीवन रेखा के साथ–साथ होने तथा भाग्यरेखा के मोटे होने से इनके विवाहित जीवन में भी तलाक का भय या विद्रोह का डर बना रहता है।

6. मस्तिष्क रेखा में द्वीप व जीवन रेखा का भाग्यरेखा के पास होने से, (स्त्री होने पर) स्वभाव में चिड़चिड़ापन बहुत आ जाता है तथा यह समय मानसिक अशान्ति का होता है।

7. जीवन रेखा के साथ–2 भाग्यरेखा का चलना प्रत्येक कार्य में रूकावट पैदा करता है कई बार आत्महत्या करने वालों के हाथों में भी इस प्रकार का लक्षण पाया जाता है।

13. भाग्य रेखा दो तीन या इससे अधिक

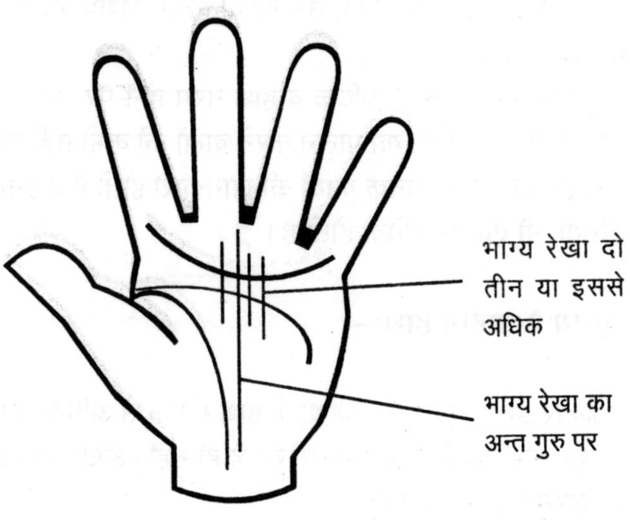

ईश्वर की रचना भी बड़ी अद्भुत है। किसी–2 के हाथ में एक भी भाग्य रेखा नहीं होती व किसी के हाथ में एक से अधिक होती है। एक से अधिक भाग्य रेखा व हाथ का भारी होना जीवन के अच्छे कर्मों को ही दर्शाता है क्योंकि ऐसा होने पर–

1. व्यक्ति धनी अवश्य होता है। एक से अधिक भाग्य रेखा होने पर इन्हें धन की प्राप्ति कहीं न कहीं से अवश्य होती रहती है। एक काम में नुकसान होने पर, दूसरे काम से उसका घाटा पूरा हो जाता है।

2. इस प्रकार की भाग्यरेखा होने पर मनुष्य को अन्य लोगों की सहायता मिलती रहती है। यह लक्षण हाथ के अन्य दोषों में भी कमी ला देता है।

3. ऐसे व्यक्ति खर्चीले होते हैं–यदि भाग्य रेखा कि संख्या एक से अधिक हो, व अंगुठा हथेली से पीछे की तरफ जाता है।

4. अंगूठा सख्त, व भाग्यरेखा की संख्या अधिक होने पर मनुष्य अपनी मन मर्जी से पैसा लगाने वाला होता है।

5. भाग्यरेखा की संख्या अधिक हाथ गुद्‌गुदा, अंगुलियां लम्बी होने पर मनुष्य दूसरों की मदद करने वाले होते हैं।

6. ऐसे लोग जिस भी काम में हाथ डालते हैं मुसीबतें कम आती हैं। अगर हाथ भारी हो तो ये विशेष उन्नति या किसी विशेष पद पर आसीन भी पाये जाते हैं।

7. भाग्यरेखा एक से अधिक व हाथ नरम होने पर व्यक्ति के पास नौकर चाकर, या आदेश का पालन करने वालों की कमी नहीं रहती है।

8. इनको एक से अनेक कार्यों की जानकारी होती है व इनके कार्यों की संख्या भी एक से अधिक होती है।

14. भाग्य रेखाहीन हाथः–

जिस प्रकार ईश्वर ने किसी–किसी के हाथ में एक से अधिक भाग्यरेखाएं दी हैं। ऐसे भी हाथ हैं जिनमें भाग्यरेखा है ही नहीं। आईये अब इस हाथ का भी विस्तार से विवरण करें।

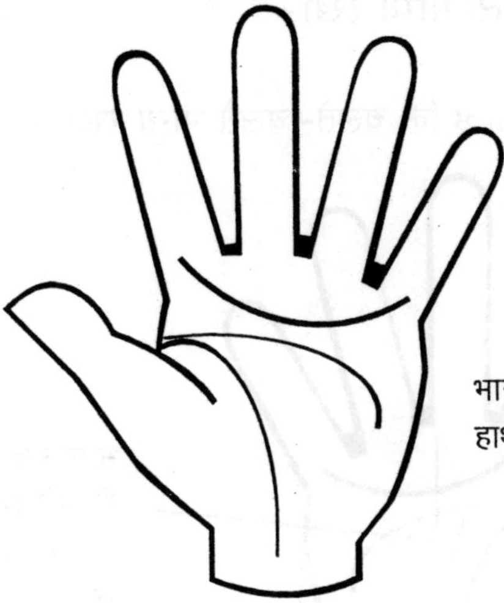

भाग्य रेखा हीन हाथ

1. भाग्यरेखा हीन हाथ हो और जीवन रेखा व मस्तिष्क रेखा में दोष हो व हाथ पतला हो तो जीवन मृत्यु समान होता है।

2. हाथ में सूर्य रेखा, व्यापार रेखा व हाथ भारी होने पर यह इसकी कमी पूरी कर देते हैं व जीवन में धन की कमी नहीं रहती है।

3. हाथ पतला, अंगुलियाँ ढेढ़ी मेढ़ी होने पर, व भाग्यरेखा हीन हाथ होने पर ऐसे लोग अनैतिक कार्य करने वाले होते हैं।

4. भाग्यहीन रेखा होने पर इनका मन नौकरी में नहीं लगता। व्यवसाय की तरफ इनका मन बना रहता है।

5. हाथ गुद्गुदा, गुलाबी होने पर यह तरक्की धीरे–2 करने वाले होते हैं। भाग्यरेखा हीन हाथ होने पर इन्हें अन्त समय में प्रसिद्धी भी मिलती है। यदि इन लक्षणों के साथ–2 अन्य रेखाएं भी निर्दोष हो, तो ही यह सम्भव होता है।

6. अंगुलियां पतली और छोटी होने पर भाग्यरेखा हीन हाथ होने पर भी पर यह समझदार होते है और यह पैसा बचाना भी जानते हैं। पर समान्यतः इनके खर्चे अधिक होते हैं। इन्हें पैसे पर अंकुश लगाना मुश्किल होता है।

15. भाग्य रेखा से निकली भाग्य रेखा–

कभी–कभी देखने में आता है कि चलते–चलते भाग्य रेखा में से एक

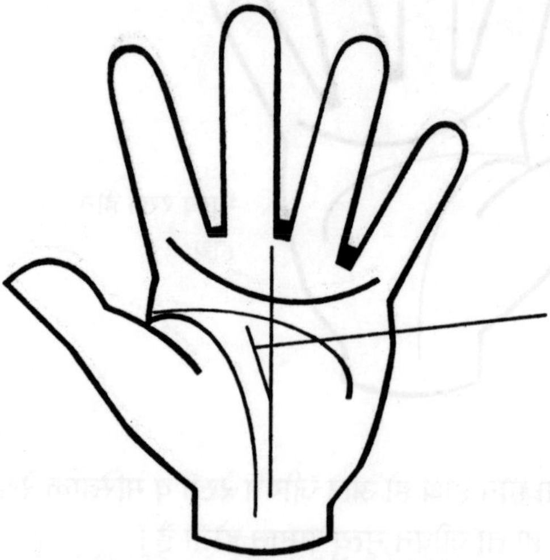

अन्य भाग्य रेखा ऊपर अंगुलियों की तरफ निकल रही होती हैं। इसे हम भाग्य रेखा से निकली हुए एक अन्य रेखा या
भाग्य रेखा ही कहते हैं। यह लक्षण हाथ में शुभ माना जाता है। इस प्रकार की रेखा होने परः

1. यह रेखा बिलकुल स्पष्ट साफ होने पर कई प्रकार से सहायक होती है। ऐसा होने पर मनुष्य नये–2 कार्यों की जानकारी रखने वाला होता है।

2. भाग्यरेखा में से भाग्य रेखा निकलने पर मनुष्य के आय के स्रोत एक से अधिक होते हैं।

3. यह अन्तर्ज्ञान रेखा का भी कार्य करती है। मनुष्य को अपने जीवन में आने वाली घटनाओं का थोड़ा बहुत आभास हो जाता है।

4. इस प्रकार की रेखा होने से मनुष्य की बातों का प्रभाव अन्य लोगों पर अवश्य पड़ता है। ऐसे लोग अपने क्षेत्र में प्रसिद्ध होते हैं।

5. भाग्यरेखा में से रेखा निकलकर सूर्य के क्षेत्र में जाती हो और वह स्पष्ट है तो इन्हें शिक्षा के क्षेत्र में रुचि और ज्ञान रखने वाले होते हैं।

16. भाग्य रेखा का टूट जाना

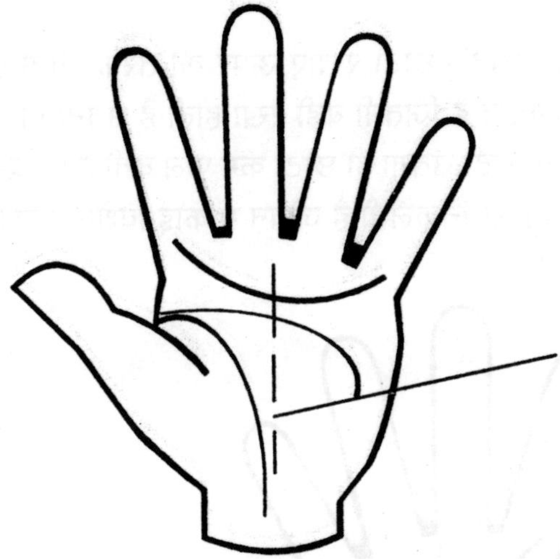

भाग्यरेखा का टूट जाना मनुष्य के कर्मों का अच्छा फल नहीं दर्शाती। इस प्रकार के लक्षण होने पर मनुष्य का जीवन संघर्षमय हो जाता है।

भाग्यरेखा के टूट जाने से जीवन में कई प्रकार के कष्टों का सामना करना पड़ता हैः

1. इनका गृहस्थ जीवन ठीक नहीं होता। पति–पत्नी में अनबन और एक–दूसरे को छोड़ने की प्रवृत्ति बनी रहती है।

2. जब भाग्यरेखा टूट रही हो और उस अवस्था में व्यक्ति कोई नया काम करने की सोचता है तो नुकसान ही होता हैं। इन्हें मानसिक अशान्ति काम की वजह से बनी रहती है।

3. टूटी भाग्यरेखा होने से स्वयं या पत्नी का स्वास्थ्य भी बहुत अच्छा नहीं रहता।

4. इन्हें अपने परिवार से भी कोई बड़ा लाभ नहीं मिलता। अगर टूटी भाग्यरेखा के साथ कोई अन्य भाग्य रेखा भी चल पड़े तो थोड़ी सी परेशानी आकर स्वतः ही कोई न कोई हल निकल आता है।

5. इस रेखा के साथ मस्तिष्क रेखा में दोष और हृदय रेखा से एक शाखा यदि मस्तिष्क रेखा में शनि के नीचे मिल जाये तो पति, पत्नी में से किसी एक की मृत्यु हो जाती है।

17. जीवन रेखा से निकलती अन्य भाग्य रेखा–

जीवन रेखा से जब छोटी–छोटी रेखाएं ऊपर की तरफ जाती हो तो उन्हें भाग्य रेखा ही कहते हैं जितनी बड़ी रेखा होती है उतना ही अच्छा फल देती है। जितनी छोटी उतना ही छोटा कम फल देती है। जब–जब यह रेखाएं जीवन रेखा से निकलती है जीवन में कोई विशेष तरक्की या लाभ लेकर आती है।

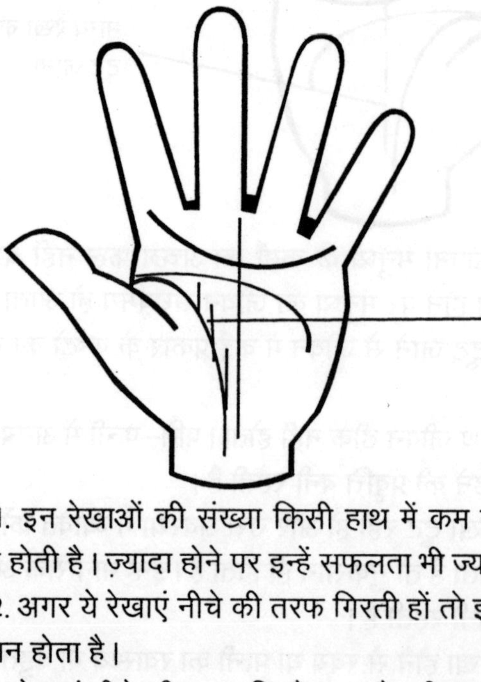

1. इन रेखाओं की संख्या किसी हाथ में कम तथा किसी हाथ में ज्यादा होती है। ज़्यादा होने पर इन्हें सफलता भी ज्यादा मिलती है।

2. अगर ये रेखाएं नीचे की तरफ गिरती हों तो इन्हें लाभ की बजाए नुकसान होता है।

3. रेखाएं नीचे की तरफ गिरने पर, और ठीक वहीं से एक रेखा के ऊपर की तरफ जाने पर कार्यों में रूकावट बहुत आती है।

4. यदि यह रेखाएं साफ–सुथरी हों और जहां से इनका उद्गम स्थान हो वहां से जीवन रेखा में कोई दोष न हो तो मनुष्य को सब तरफ से लाभ होते हैं। किन्तु मस्तिष्क रेखा का भी साफ–सुथरा होना अनिवार्य है।

5. यह रेखाएं जिस स्थान से निकलती हों वहां दोष हो और मस्तिष्क

रेखा में भी दोष होने पर दुर्घटना बना देती हैं। इस आयु में थोड़ा सम्भल कर रहना अति आवश्यक है।

6. जीवन रेखा गोलाकार मस्तिष्क रेखा साफ और अन्य भाग्य रेखा शनि के स्थान पर साफ–सुथरी होकर जाये उस आयु में पदोन्नती संतान लाभ या सम्पत्ति खरीदने का लक्षण बनता है।

इस प्रकार यह रेखाएं भाग्यरेखा के दोषपूर्ण होने पर भी उत्तम फल दे देती हैं या दोषपूर्ण फल में कमी ला देती है।

18. भाग्य रेखा का रंग

रंगों का प्रभाव मनुष्य के मन पर ही नहीं अपितु रेखाओं पर भी पड़ता है भाग्य रेखा पर भी यह रंग अपनी छाप छोड़ते हैं।

रंग दो प्रकार के होते हैं। (हाथों में) लाल या काला। काले या लाल रंग की भाग्य होने से मनुष्य के स्वभाव में कई प्रकार के अन्तर आ जाते हैं। ऐसे व्यक्ति चालाक, झूठ को सच, सच को झूठ साबित करने वाले होते हैं। बगैर स्वार्थ के किसी का एक काम भी नहीं करते। इन्हें टिक कर काम करना अच्छा नहीं लगता।

इनमें बदला लेने की भावना होती है। अपनी स्वार्थ सिद्धि के लिए यह कुछ भी करने के लिए तैयार हो जाते हैं।

दूसरों के सामने मानवता का व्यवहार रखने वाले होते हैं अपने आप को ऐसा साबित करते हैं कि मैं बहुत अच्छा हूं। मैंने सबके लिए यह किया वह किया आदि। भारी हाथ होने पर धन का उपयोग गलत दिशा में करने वाले होते हैं।

19. भाग्य रेखा को काटती आड़ी रेखाएं–

मंगल के स्थान से यदि कोई रेखा निकलकर भाग्य रेखा को छूए और यह हृदय रेखा तक निकल जाये तो ऐसा होने पर–

1. व्यक्ति जो काम करता है उसमें परिर्वतन आ जाता है।

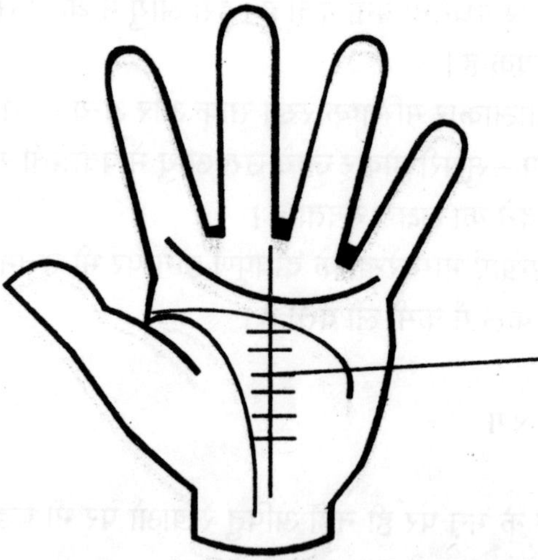

2. परिवार में से किसी की मृत्यु का भी यही लक्षण होता है।

3. मनुष्य की मानसिक तथा आर्थिक स्थिति अच्छी नहीं होती तथा इस आयु में सभी कार्यों में रूकावट भी आ जाती है।

4. इन्हें अपने रिश्तेदारों से भी कोई विशेष लाभ नहीं होता। ऐसी रेखाएं संख्या में जितनी अधिक होती हैं उतनी ही परेशानी लाती है।

5. इस रेखा के मस्तिष्क रेखा को काटे जाने पर व मस्तिष्क रेखा में दोष होने पर मनुष्य का स्वास्थ्य भी अच्छा नहीं रहता। कई प्रकार के रोग व कोई दुर्घटना होने का भय भी बना रहता है।

20. भाग्य रेखा के बिलकुल साथ लगी हुई एक अन्य भाग्य रेखा।

जैसा कि आप चित्र में देख रहे हैं कि भाग्यरेखा के साथ एक अन्य रेखा साथ–साथ चल रही है। यह रेखा–

1. मनुष्य के प्रेम सम्बनध, अनैतिक सम्बन्ध तथा उन्नति को दर्शाती है।

2. हृदय रेखा में यदि कोई अन्य दोष तथा जीवन रेखा का सीधे होना तरक्की में कमी ला देती है।

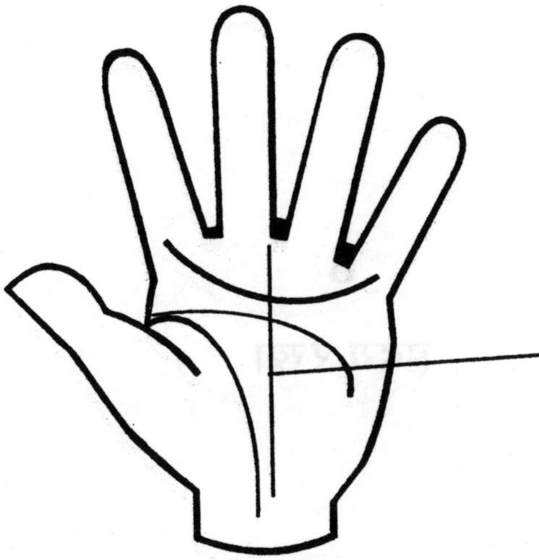

3. जब तक यह रेखा चलती है तब तक मनुष्य में कामुकता बनी रहती है। पर गुरु ग्रह के प्रधान होने पर ऐसे लोग कमी भी किसी के साथ गलत व्यवहार नहीं करते।

4. जीवन रेखा गोल, व भाग्य रेखा मोटी से पतली तथा जीवन रेखा से ऊपर को उठती हुई रेखाएं, प्रेमी या पति से लाभ भी देती है। अनैतिक सम्बन्ध होने पर भी दोनों को एक दूसरे से लाभ होता है।

5. मस्तिष्क रेखा मंगल पर (अन्त) व निर्दोष, मस्तिष्क रेखा में दीप, हृदय रेखा में भी द्वीपों की संख्या एक से अधिक होने पर शारिरिक सम्बन्ध भी एक से अधिक होते हैं। या ऐसे भी कह सकते हैं–शादी शुदा स्त्री के दो या तीन व्यक्तियों से नजदीकी सम्बन्ध रहते हैं।

इस प्रकार यह रेखा जीवन में अचानक परिवर्तन तथा सोचने का नज़रिया ही बदल देती है।

8

हृदय रेखा

परिचय

जैसा कि नाम से ही ज्ञात हो रहा है हृदय रेखा अर्थात् जो रेखा हृदय की गतिविधियां व लक्षण बताये उसे हृदय रेखा कहते हैं। हृदय रेखा प्यार,

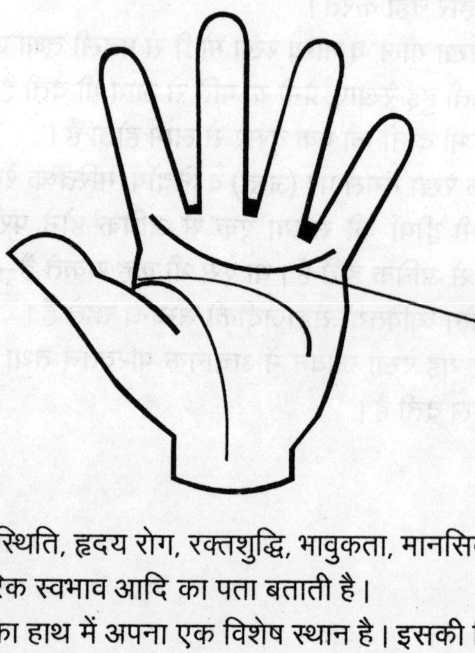

हृदय की स्थिति, हृदय रोग, रक्तशुद्धि, भावुकता, मानसिक गुण व व्यक्ति के आन्तरिक स्वभाव आदि का पता बताती है।

इसका हाथ में अपना एक विशेष स्थान है। इसकी स्थिति हथेली में

बुध की अंगुली के नीचे से शुरू होकर गुरु की अंगुली के आस पास होती है।

हृदय रेखा हाथ में जितनी अच्छी होती है वह अच्छे स्वास्थ्य व उत्साही प्रवृति बताती है। दूसरी और कमजोर हृदय रेखा अशक्त हृदय व दूषित रक्त प्रवाह को बताती है। जिसकी जीवन शक्ति कमजोर होती है उसके हाथ में हृदय रेखा भी साफ नहीं होती। हाथ का रंग थोड़ा सफेद होता है। यह मनुष्य के दिल का आईना है।

हृदय रेखा हाथ में कई प्रकार की होती है, जैसे इसकी शुरूआत मोटी, छोटी, पतली, दोषपूर्ण, उत्तम, टूटी–फूटी शाखायुक्त हृदय रेखा, अंगुलियों के पास, अंगुलियों से दूर आदि, जिसका वर्णन हम आगे अध्याय में विस्तारपूर्वक करेंगे।

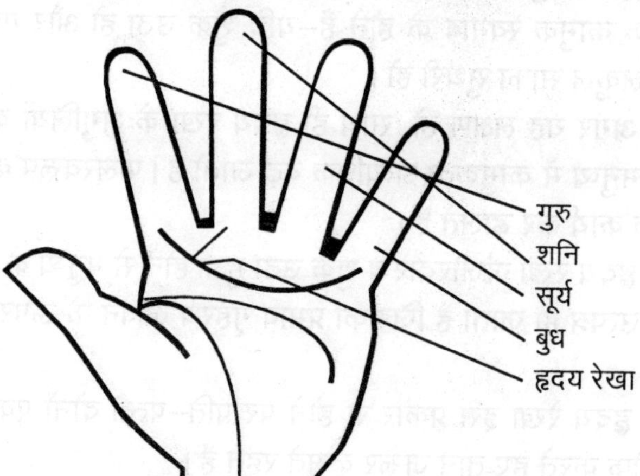

1. हृदय रेखा की शुरूआत गुरु व शनि पर्वत के बीच से

हृदय रेखा की शुरूआत कई प्रकार से होती है। यहां पर हम गुरु व शनि पर्वत के मध्य से निकलने वाली हृदय रेखा का विवरण देखेंगे।

ऐसी हृदय रेखा होने पर मनुष्य के दिल में अनेक प्रकार के भाव उठते हैं:

1. जैसे किसी से भी प्रेम का इजहार कर बैठना। किन्तु इनका प्रेम वास्तविक न होकर वासना को दर्शाने वाला होता है।

2. इस लक्षण के साथ, हृदय रेखा जंजीरदार व शुक्र पर्वत का उठा होना मनुष्य के चरित्र को बहुत बार डावांडोल कर देता है। ऐसे पुरुष स्त्रियों को रिझाने के लिए हर सम्भव प्रयत्न करते हैं।

3. ऐसे स्त्री–पुरुष के विचारों में अन्तर होता है दोनों अपनी मनमर्जी करने वाले होते हैं फलस्वरूप दोनों का गृहस्थ जीवन कश्मकश में चलता है।

4. हृदय रेखा की शुरुआत इस प्रकार से होने पर दोनों एक दूसरे पर अपना दबाव डालने वाले होते हैं।

5. इनके सम्बन्ध, रिश्तेदारों से बहुत मधुर नहीं होते।

6. इनका खुद का व पत्नी का स्वास्थ्य बहुत अच्छा नहीं होता। यह अत्यधिक कामुक स्वभाव के होते हैं–यदि शुक्र उठा हो और मस्तिष्क रेखा बिलकुल साफा सुथरी हो।

7. अगर यह लक्षण हो, साथ ही हृदय रेखा के अंगुलियों के पास होने से मनुष्य में कामुकता अत्यधिक बढ़ जाती है। फलस्वरूप कोई भी अनैतिक कार्य कर डालते हैं।

8. हृदय रेखा जंजीरदार व शुक्र उठा हुआ होने से मनुष्य के दिमाग में शक उत्पन्न हो जाता है जिसका प्रभाव गृहस्थ जीवन के ऊपर पड़ता है।

9. हृदय रेखा इस प्रकार से होने पर पति–पत्नी दोनों एक दूसरे की तारीफ़ करते हुए ताने ज़रूर कसते रहते हैं।

ऐसे पुरुष स्त्रियों में और स्त्रियां पुरुषों के बीच में बैठ कर खुश होते हैं। घर से बाहर समय बिताने पर इनके हृदय को सुकून मिलता है।

2. हृदय रेखा की शुरूआत गुरु पर्वत से–

हृदय रेखा की शुरूआत गुरु ग्रह से होने पर मनुष्य में कई गुणों का विकास हो जाता है। यदि अन्य रेखाएं भी निर्दोष हो तो क्या कहना।

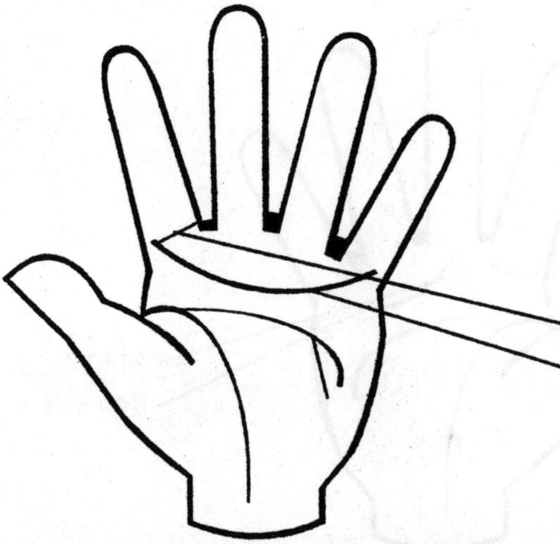

1. हृदय रेखा की शुरूआत गुरु ग्रह से होने पर व्यक्ति में ज़िम्मेदारी, दया व दूसरों के प्रति आदर की भावना होती है।

2. ऐसा लक्षण होने पर व हृदय रेखा और मस्तिष्क रेखा में अन्तर होने से व्यक्ति में दान की प्रवृत्ति मदद करने के गुण आ जाते हैं।

यदि इस लक्षण के साथ जीवन रेखा सुन्दर हो, मस्तिष्क रेखा निर्दोष हो तो दिल खोलकर दान व मदद करते हैं।

3. ऐसे व्यक्ति धार्मिक प्रकृति के होते हैं। हाथ भारी व मुलायम होने पर वायदों को निभाना भी जानते हैं।

4. भाग्य रेखा एक से अधिक हो, अंगुलियां सीधी हों, हाथ भारी और यह लक्षण होने से विशेष मानव होते हैं।

5. ऐसी रेखा होने के साथ–2 हाथ भारी व अंगुलियों के आधार नीचे से बराबर होने पर इन्हें मित्रों व सम्बन्धियों से लाभ होता है। यह स्वयं भी किसी की मदद करने से पीछे नहीं हटते हैं।

3. हृदय रेखा की शुरूआत शनि पर्वत से

हृदय रेखा की शुरूआत शनि पर्वत से होना कोई अच्छा लक्षण नहीं माना जाता क्योंकि यह लक्षण मनुष्य के मन को विकारों से भर देता है।

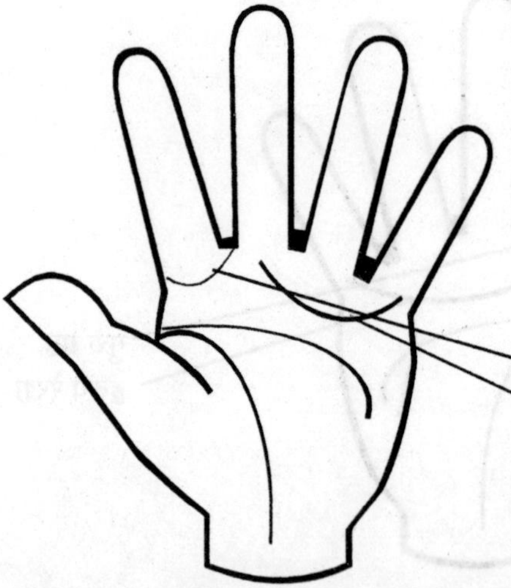

1. हृदय रेखा की स्थिति इस प्रकार से होने पर मनुष्य पर दोष लगते रहते हैं। प्रायः इस वजह से वह दुःखी भी रहते हैं।

2. इस प्रकार की रेखा होने पर मनुष्य में कामुकता बढ़ जाती है। शुक्र उठा हो गुरु की अंगुली सूर्य की अंगुली से छोटी हो व हाथ का रंग काला होने से इनमें चारित्रिक दोष आ जाते हैं। फलस्वरूप अनैतिक कार्य करने से भी नहीं हिचकचाते।

3. इनका व्यवसाय भी पूर्ण रूप से नहीं चल पाता।

4. स्त्रियों के हाथ में यदि यह लक्षण हो तो ऐसी स्त्रियां परिणाम की चिन्ता किए बिना सम्बन्ध स्थापित कर लेती हैं। यदि इनकी गुरु की अंगुली सूर्य की अंगुली से लम्बी हो व गुरु ग्रह उठा हो तो इस दोष में कमी आ जाती है और ऐसी स्त्रियां मर्यादा का ध्यान रख कर कार्य करती है।

5. ऐसे लोग संतान को लेकर भी चिन्तित रहते हैं। संतान लापरवाह या किसी अन्य दोष युक्त होती है।

6. ऐसे लक्षणों के साथ–2 अंगुलियां मोटी व शुक्र पर्वत उठा हो तो ऐसे लोग दूसरों के सामने व्यवहार कुशल होते हैं। वास्तव में ऐसे लोग मतलबी, धोखेबाज़ होते हैं।

7. इस 6 लक्षण के साथ यदि अंगूठा सख्त व आगे की तरफ झुकने

वाला हो व मस्तिष्क रेखा एक मंगल से निकलकर दूसरे मंगल तक जाये तो कत्ल तक कर सकते हैं।

8. बुध की अंगुली टेढ़ी हो और हृदय रेखा की शुरूआत शनि की अंगुली से हो, हाथ सख्त व रंग काला होने पर इनके मित्र गलत काम करने वाले व गलत मार्ग दिखाने वाले होते हैं।

4. हृदय रेखा की शुरूआत सूर्य की अंगुली के नीचे से

ऐसी हृदय रेखा प्रायः बहुत कम लोगों के हाथ में मैंने अब तक देखी है। इस प्रकार की हृदय रेखा होने से निम्नलिखित प्रवृत्तियां मनुष्य में आ जाती हैं:

1. इनका दिल कमज़ोर
तथा हृदय रोग की संभावना होती है।

2. इनका सामान्य स्वास्थ्य भी ठीक नहीं होता।

3. इन्हें गर्मी बहुत लगती है।

4. ऐसी स्त्रियां भरोसे लायक नहीं होतीं। यह अपने स्वार्थ के लिए कुछ भी कर सकती है।

5. ऐसे लोगों के जीवन में प्रेम का अभाव होता है।

6. इनके सम्बन्ध सभी से प्रायः बहुत अच्छे नहीं होते जिसकी वजह से इनका स्वभाव रूखा–रूखा होता है।

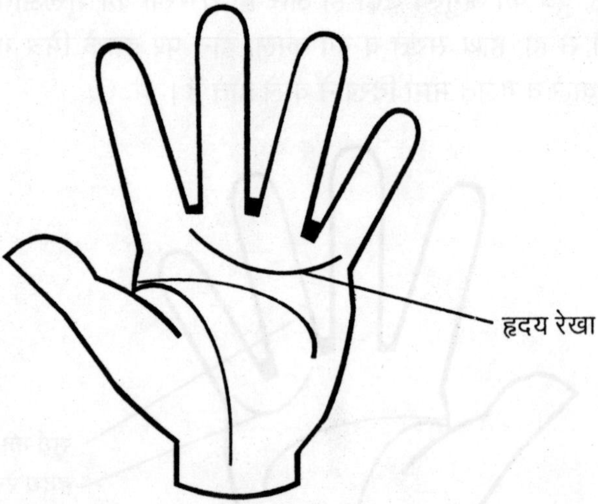

5. हृदय रेखा शनि को देखती हुई

हृदय रेखा का शनि को देखना हाथ के हिसाब से एक ठीक लक्षण है। इस लक्षण के होने पर मनुष्य में अनेक प्रकार की प्रवृत्तियां आ जाती हैं जैसे–

1. आमतौर पर ऐसे लोग साफ दिल के होते हैं पर मस्तिष्क रेखा लम्बी होने पर इनमें चालाकी स्वतः ही आ जाती है।

2. इनमें कोई न कोई गुण विशेष तौर पर पाया जाता है। शनि और सूर्य पर्वत के अच्छे होने पर इनका स्वभाव दुनिया में रहते हुए भी साधु प्रवृति जैसा होता है।

3. ऐसे व्यक्ति समझदार होते हैं जानबुझ कर दूसरों के पचड़े में नहीं पड़ते।

4. मस्तिष्क रेखा व हृदय रेखा में अन्तर कम होने से इनमें दान–पुण्य की भावना अधिक होती है। यह सोच समझ कर ही किसी का भला करने वाले होते हैं बातों में बहला–फुसलाकर इनसे भलाई नहीं करवाई जा सकती।

5. बड़ी उम्र में इनमें किसी व्यक्ति विशेष या स्त्री के लिए कोई विशेष आकर्षण नहीं पैदा होता है।

6. हाथ भारी, मस्तिष्क रेखा सुन्दर व जीवन रेखा गोल होने पर ऐसे लोगों को सफलता अवश्य मिलती है। यह धनी होते हैं। जो ठान लेते हैं वही करते हैं।

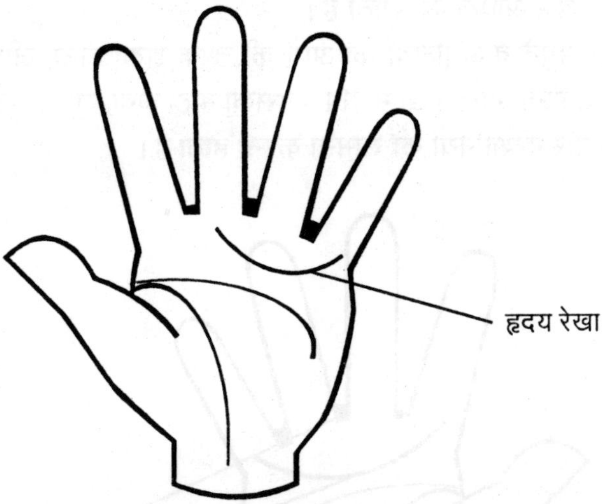

6. हृदय रेखा का गुरु ग्रह की तरफ देखना–

हृदय रेखा का गुरु पर्वत की ओर देखने का यह लक्षण बहुत सावधानी से देखना चाहिए नहीं तो अर्थ में बदलाव आते देर नहीं लगती। इस लक्षण के निम्नलिखित परिणाम होते हैं:

1. ऐसे लोगों का जीवन, विवाह के बाद सही ढंग से बन पाता है। तत्पश्चात् ही यह तरक्की करते हैं।

2. इनमें इंसानियत का भाव होने से इनका विवाहित जीवन ठीक होता है। यदि अन्य लक्षण भी ठीक हैं तो यह अपनी पत्नी व बच्चों का ध्यान रखने वाले होते हैं।

3. ऐसे लोगों का स्वभाव थोड़ा शंकालु होता है। जैसे काम में सफलता मिलेगी या नहीं? वो मुझे प्यार करती है या नहीं? पता नहीं क्या होगा? पैसे डूब गये तो क्या होगा? यानि कि हर बात में सन्देह रहता

है।

4. गुरु ग्रह पर हृदय रेखा जाने की वजह से धार्मिक स्वभाव रहता है यदि यह हृदय रेखा ज़ंजीर हो तो मनुष्य के अन्दर कभी–2 लक्षणों में कमी या विपरीत ही हो जाता है। जैसे भाग्य रेखा में द्वीप और इस प्रकार की हृदय रेखा होने से इनका विवाहित जीवन असतोषजनक व मन में आशंका और अधिक बढ़ जाती है।

5. अंगूठे व अंगुलियों का आगे की तरफ झुका होना, जीवन रेखा का सीधा होना, भाग्य रेखा में द्वीप व इसका मोटा होना, जीवन भर परेशान रहना और परेशानियों का सामना करना होता है।

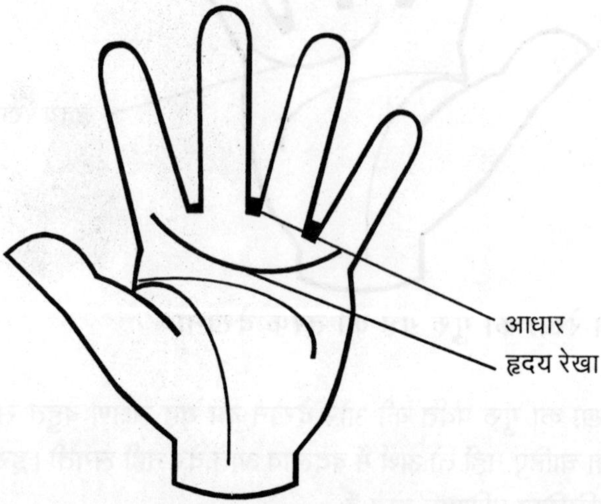

7. अंगुलियों के आधार के निकट हृदय रेखा

हर हाथ में हृदय रेखा का अपना स्थान होता है। किसी हाथ में हृदय रेखा अंगुलियों के काफी नजदीक आ जाती है जो कि हाथ में एक दोष माना जाता हैं इसके लक्षणों का अब मैं विस्तारपूर्वक विवरण करूंगी:

1. यह हृदय रेखा अंगुलियों के निकट होने पर मनुष्य में काम वासना अत्यधिक बढ़ जाती है और यदि इस रेखा में अन्य भी दोष हों तो उचित–अनुचित का ख्याल किये बिना कुकर्म भी कर डालते हैं।

2. ऐसे व्यक्तियों में चोरी व बात–बात में झूठ बोलने की प्रवृत्ति होती है।

3. स्वास्थ्य की दृष्टि से भी ऐसी रेखा एक दोष है। यदि इस प्रकार अंगुलियों के निकट हो तो इनको टी.बी., जिगर के रोग, खून की कमी आदि की वजह से यह ठीक नहीं रहते हैं। इनके साथ–2 इनकी संतान का स्वास्थ्य भी ठीक नहीं रहता है।

4. हृदय रेखा उपरोक्त प्रकार की होने, भाग्य रेखा पतली होने व मस्तिष्क रेखा निर्दोष–सी दिखाई देने पर व्यक्ति चालाक, कपटी होता है।

5. ऐसे लोग ज़बान के पाबंद नहीं होते झूठे वायदे करने वाले तथा बार–बार कहने पर ही यह कोई काम करते हैं।

8. सुन्दर हृदय रेखा

सुन्दर हृदय रेखा से व्यक्ति का मन, विचार व कर्म भी सुन्दर हो जाते हैं,

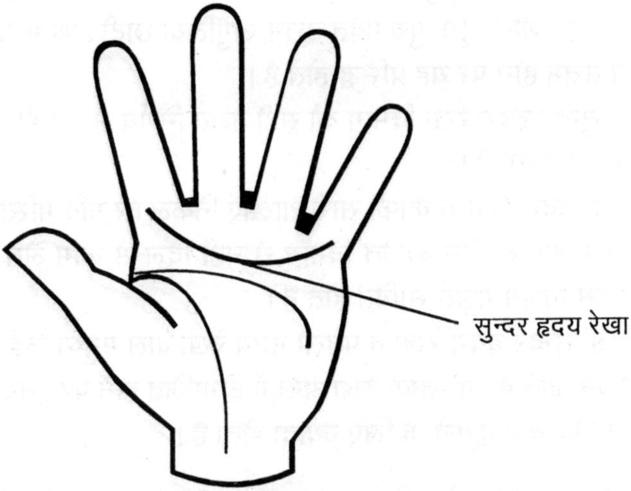

सुन्दर हृदय रेखा व हाथ का नरम होना एक विशेष भूमिका निभाते हैं। ऐसे लोग वायदा निभाने वाले, सबके प्रति प्रेम आदर रखने वाले व ईश्वर को मानने वाले होते हैं।

1. सुन्दर हृदय रेखा वाले व्यक्ति प्रेम बांटने व अपनों से प्रेम पाने

वाले होते हैं। यदि भाग्य रेखा निर्दोष है तो, सभी से इन्हें सहयोग मिलता है।

2. सुन्दर हृदय रेखा का अन्त गुरु पर होने से इन्हें लगातार सफलता मिलती है और यह योग्य साबित होते हैं।

3. साफ–सुथरी हृदय रेखा व निर्दोष मस्तिष्क रेखा वाले व्यक्ति अपने काम को ज़िम्मेदारी से निभाने वाले होते हैं। मस्तिष्क रेखा के अन्त में द्विभाजित हो जाने से इनमें समझ बहुत बढ़ जाती है। छोटी उम्र में ही इन्हें सही गलत का ज्ञान होने लगता है।

4. हृदय रेखा सुन्दर होने व मस्तिष्क रेखा के निर्दोष होने पर इन्हें अपना जीवन साथी सुन्दर व अच्छे स्वभाव वाला मिलता है।

5. ऐसे लोगों का स्वभाव कुशल सभी का सुख–दुःख बांटने वाले होते हैं इनका स्वास्थ्य जैसे हृदय, गुर्दे या आंखे ठीक–2 काम करने वाली होती है।

6. हृदय रेखा सुन्दर, भाग्य रेखा हाथ में एक से अधिक, हाथ का रंग सुन्दर, शनि, सूर्य, गुरु पर्वत उत्तम, अंगुलियां छोटी हाथ भारी व भाग्य रेखा उत्तम होने पर यह प्रसिद्ध होते हैं।

सुन्दर हृदय रेखा दिमाग को सही गलत निर्णय लेने में भी महत्वपूर्ण भूमिका निभाती है।

7. हृदय रेखा से काफी सारी शाखाएं निकलकर यदि मस्तिष्क रेखा में मिल जाएं तो ऐसे व्यक्ति दिमाग से नहीं दिल से काम लेते हैं। कई बार ऐसे निर्णय गलत साबित होते हैं।

8. सुन्दर हृदय रेखा व पतली भाग्य रेखा वाले मनुष्य कई बार साधु भी बन जाते हैं। मस्तिष्क रेखा अन्त में द्विभाजित होने पर इनका जीवन अपने लिए कम दूसरों के लिए ज्यादा होता है।

9. असुन्दर हृदय रेखा–

असुन्दर हृदय रेखा देखने में भी असुन्दर नज़र आती है। यह कहीं पतली, कहीं मोटी, कहीं पर द्वीपयुक्त, कहीं से मिटी हुई काली या दाग धब्बे युक्त होती है। नाम के अनुरूप इनकी प्रवृत्तियों में भी कई प्रकार की

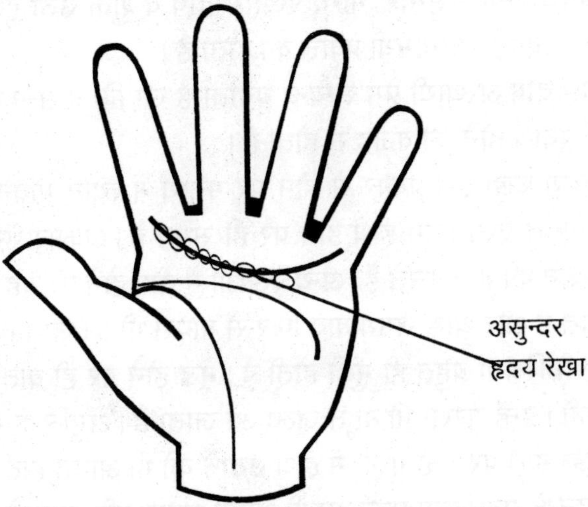

असुन्दरता आ जाती है जिसका हम विस्तार से उल्लेख करेंगे।

1. असुन्दर हृदय रेखा होने से मनुष्य को खून की कमी की शिकायत होती है। हृदय रेखा से यदि रेखा निकलकर मस्तिष्क रेखा में मिल जाए तो हृदय रोग होने की संभावना होती है।

2. इस प्रकार की हृदय रेखा हाथ का रंग काला, अंगुलियां आगे की तरफ झुकने वाली व हाथ कठोर होने पर अपनी मनमर्ज़ी करने वाले व बेढ़गे तरीक़े से काम करने वाले होते हैं। इसलिए इन्हें अपने किए का यश भी नहीं मिलता।

3. हृदय रेखा के नीचे या शनि के नीचे त्रिकोण होने से व्यक्ति का गृहस्थ जीवन अच्छा नहीं होता। भाग्य रेखा मे द्वीप व विवाह रेखा का हृदय रेखा पर झुक जाना तलाक का कारण भी बना देती है।

4. हृदय रेखा धूमिल मिटी सी, मोटी पतली या टूटने पर 'हार्ट अटैक' की सम्भावना होती है। दोनों हाथों में टूटी होने पर निश्चय ही यह रोग हो जाता है।

5. उपरोक्त प्रकार की हृदय रेखा होने पर व्यक्ति को घबराहट बहुत होती है। ये बैचेन से रहते हैं। इन्हें गर्मी में गर्मी अधिक व सर्दी में सर्दी अधिक लगती है। अचानक कोई खबर सुनकर इनकी हृदय गति बड़ी तेज़ी से बढ़ने लगती है। कई बार बेहोशी का भी सामना करना पड़ता है।

6. हृदय रेखा असुन्दर, भाग्य रेखा में द्वीप व शुक्र उठा हुआ होने पर व्यक्ति भावुक, वासनामयी प्रवृत्ति का होता है।

7. यह दोष अस्थायी प्रेम सम्बन्ध बनाता है जो कि वासना पूर्ति या अन्य कोई स्वार्थ होने की वजह से होता है।

8. हृदय रेखा इस प्रकार से होने पर मनुष्य में त्याग भावना बहुत होती है। किन्तु ऐसा नरम हाथ होने पर ही संभव है। अक्सर ऐसे लोग घरबार छोड़ने की बाते करते हैं। अन्य रेखाओं में दोष होने पर यह घरबार छोड़ भी देते हैं और थोड़े समय बाद फिर से वापस भी आ जाते हैं।

9. ऐसी स्त्रियां बहुत ही मूड़ी होती है। मूड होने पर ही बात करेंगी नहीं तो नहीं। इन्हें गुस्सा भी बहुत जल्द आ जाता है। अंगुलियां मोटी व अंगूठा सख़्त होने पर इन्हें गुस्से में हाथ उठाने की भी आदत होती है।

10. इनके संबंध ज्यादातर इनकी अपनी आदत की वजह से स्थायी नहीं होते। यह कब किसको क्या मान बैठें; कोई नहीं जानता। बनाने और बिगाड़ने में इन्हें ज्यादा वक्त नहीं लगता है।

11. इनके विश्वास को जीवन में अनेक बार ठोकर लगती है। सामान्य तौर से यह सीधे स्वभाव के होते हैं पर निर्दोष मस्तिष्क रेखा होने पर ऐसा नहीं होता।

12. इनकी संतान भी इस प्रकार की अपनी मनमर्ज़ी करने वाली तथा लापरवाह किस्म की होती है।

10. हृदय रेखा की शाखाएं मस्तिष्क रेखा पर गिरती हुई–

हृदय रेखा से नीचे गिरती शाखा (मस्तिष्क रेखा पर) कोई न कोई महत्वपूर्ण बात अवश्य कहती है। बड़े ही गौर से इसका विश्लेषण करना चाहिए। इन रेखाओं का मोटापन या पतला पन काफी अधिक प्रभाव डालने वाला होता है।

1. हृदय रेखा से नीचे गिरती शाखाएं, कोई न कोई नुकसान, धन हानि, मोटी रेखा मृत्यु या इस प्रकार की अन्य अप्रिय घटनाएं लेकर आती है।

2. इस स्थिति में दाम्पत्य जीवन भी सुखमय नहीं रह पाता यदि

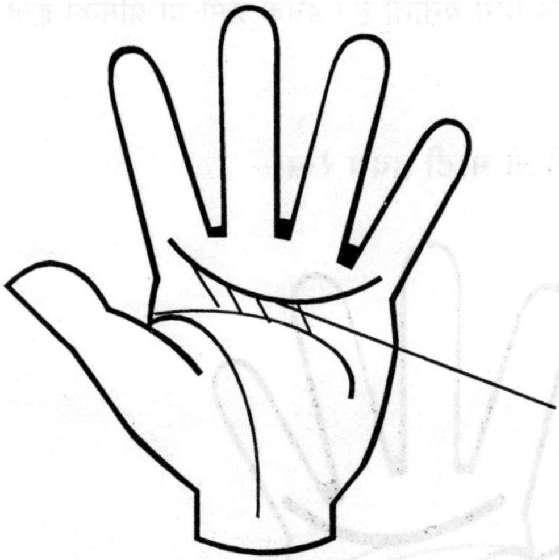

अंगूठा सख़्त है तो इन्हें बहुत ही धैर्य से काम लेना चाहिए अन्यथा अलगाव होने की संभावना अधिक हो जाती है।

3. ऐसे लोगों के कामों में अड़चने अधिक आती हैं। यह तभी होता है जब आखिर से अन्त तक शाखाएं नीचे की तरफ गिर रही हो।

4. ऐसे लोगों को रोक–टोक–पसन्द नहीं होती। बर्दाश्त करने की इनकी सीमा भी जल्द खत्म होते देखी गयी है।

5. इस लक्षण के साथ जीवन रेखा को भी यदि रेखाएं काटें, भाग्य रेखा में द्वीप हो व हृदय रेखा में भी दीप होने पर इन्हें मनपसन्द जीवन साथी या मन पसन्द प्यार नहीं मिलता।

6 ऐसे लोगों को ससुराल वालों से भी लाभ नहीं मिलता पतली रेखाएं होने पर यह फल लागू नहीं होता है।

7. इनका स्वास्थ्य भी ठीक नहीं रहता। इन्हें हृदय रोग या सास लेने में तकलीफ होती है।

8. इनको जीवन में संघर्ष सामान्य से कुछ अधिक करना पड़ता है। अन्त में सफलता कुछ न कुछ अवश्य मिलती है।

9. ऐसे व्यक्तियों के भाई–बहन में से भी किसी को असुन्तष्टी रहती है।

10. भाग्य रेखा में द्वीप, हृदय रेखा से नीचे मस्तिष्क रेखा पर गिरती शाखाएं व हृदय रेखा में द्वीप मनुष्य के प्रेम सम्बन्धों को असफल या प्रेम

में बदनाम होने का योग बनाती हैं। इनके प्रेमी या प्रेमिका इन्हें समझ नहीं पाते।

11. अन्य रेखाओं से मोटी हृदय रेखा–

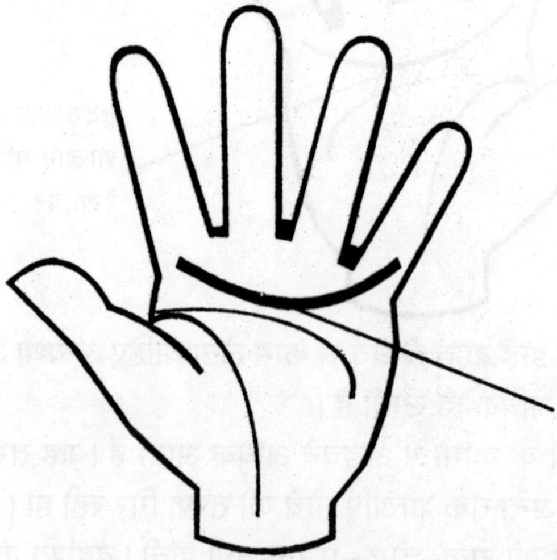

हृदय रेखा का अन्य रेखाओं से मोटा होना कोई अच्छा लक्षण नहीं माना जाता बल्कि मानव में दुर्गुणों के वास करने का संकेत है। आइये देखें कैसे–

1. हृदय रेखा अन्य रेखाओं से मोटी होने पर क्रोध, अत्यधिक वासना, लालच, झूठे वायदा करना, हर किसी का फ़ायदा उठाने की सोचना व बेवजह किसी को तंग करना आदि बातें व्यक्तित्व में शामिल होकर व्यक्ति को बुरा बना देती है।

2. ऐसे लोग जुबान के मीठे, हाय–तौबा, दूसरों को दिखावे के लिए करते हैं।

3. मोटी हृदय रेखा वाले व्यक्ति सबको बेवजह उल्लू बनाने वाले होते है। इन पर विश्वास नहीं करना चाहिए।

4. यह छल–कपट से धन अवश्य कमाते हैं। इन्हें धन कमाने के कई तरीक़े आते हैं पर सब ऊटपटांग तरीकों से।

5. इनका खुद का स्वास्थ्य बहुत अच्छा नहीं होता। इनमें खून की कमी व मूत्र से सम्बन्धित रोग भी हो जाते हैं।

6. हाथ का रंग काला व अंगुलियां टेढ़ी–मेढ़ी होने पर इनमें हत्या, चोरी चकारी तक कर देने की क्षमता होती है और लालच अपनी चरम सीमा को पार कर देता है।

यदि इस रेखा के साथ अन्य रेखाएं भी मोटी हों तो यह फल लागू नहीं होता यह केवल हृदय रेखा के मोटे होने पर ही होता है।

12. हृदय रेखा का रंग–

अभी तक हम रेखाओं के बारे में विवरण कर रहे थे। रेखाओं का हाथ के साथ घनिष्ट सम्बन्ध है। पर हाथ का रंग भी अपनी महत्वपूर्ण भूमिका निभाता है।

हृदय रेखा का, हाथ में, तीन प्रकार का रंग होता है। काला, लाल एवम् गुलाबी। इन रंगों को बहुत ही ध्यान से देखना चाहिए। साधारणतया एक नजर में हाथ का रंग नजर नहीं आता। हाथ को खींचकर या अच्छी तरह फैलाकर देखना चाहिए किस प्रकार का लक्षण होने पर मनुष्य की प्रवृत्ति में क्या अन्तर आता है आइये देखें–

1. काली हृदय रेखा वाले दिखावा मात्र व्यक्ति जुबान के मीठे वायदा निभाने वाले अपने को साबित करते हैं।

2. इन्हें ऊटपटांग या बदतमीजी से बोलने की भी आदत होती है।

3. शुक्र पर्वत, चंद्र पर्वत, मस्तिष्क रेखा साफ होने पर यह वासनामयी होते हैं अंगुठा कम खुलने पर यह अनेक अनैतिक सम्बन्ध भी कायम कर लेते हैं। अंगूठा पीछे की तरफ जाने पर भावनात्मक सम्बन्ध कायम करते हैं।

4. काली हृदय रेखा की तरह लाल हृदय रेखा वाले भी मतलबी, व धोखेबाज होते हैं।

5. लाल हृदय रेखा वालों का मन कहीं पर टिकता नहीं है।

6. इन्हें घबराहट जल्द होती है। हृदय से सम्बन्धित रोग होने की आशंका रहती है।

7. इन सबके विपरीत, गुलाबी हृदय रेखा वाले दूसरों का दुख–दर्द समझने वाले दान पुण्य करने वाले होते हैं।

8. गुलाबी हृदय रेखा वाले धनी तथा जल्द तरक्की करने वाले होते हैं। इन्हें पूर्व जन्मों के अच्छे संस्कारों की वजह से सभी से स्नेह तथा प्यार भी मिलता है।

9. गुलाबी हृदय रेखा वाले समाज में सम्मानित होते हैं। इन्हें अपने परिवार जनो से भी विशेष प्रेम होता है। न–न करते हुए भी यह कई ऐसी बातें, जो बच्चों के मानने लायक भी नहीं होतीं, वह भी मान जाते हैं।

इस प्रकार हम कह सकते हैं कि गुलाबी हृदय रेखा सर्वश्रेष्ठ हृदय रेखा होती है और यह गुलाबी हाथ में ही पाई जाती है।

13. चैन जैसी हृदय रेखा–

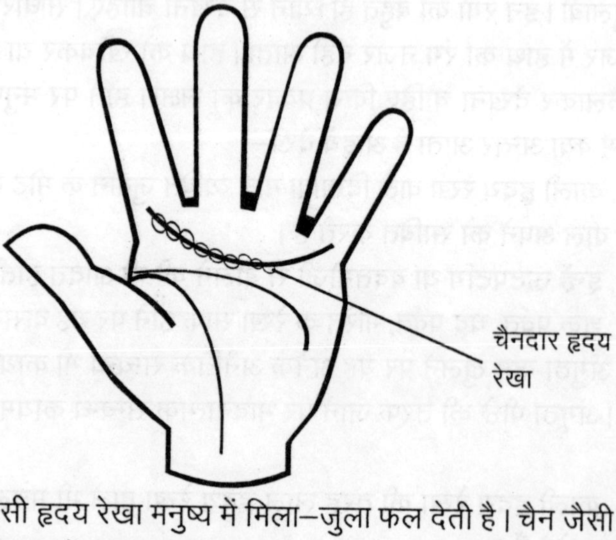

चैन जैसी हृदय रेखा मनुष्य में मिला–जुला फल देती है। चैन जैसी हृदय रेखा से मन में स्पष्टता का गुण भी आ जाता है यदि इस हृदय रेखा के साथ भाग्यरेखा मोटी से पतली होती जाये तो नेक स्वभाव के होते हैं।

1. चैन जैसी हृदय रेखा के साथ मस्तिष्क रेखा पतली, या मिटी हुई होने से मनुष्य का स्वभाव कुटिल हो जाता है। यह अनैतिक तरीके

से धन कमाते हैं या कोई इन्हें अनैतिक कार्य में ले आता है।

2. चैनदार हृदय रेखा होने पर मनुष्य अपने दिल में बात को ज्यादा देर तक पचा नहीं पाता। स्त्री होने पर और अधिक या जल्दी बात को कह देने की उतावली होती है।

3. चैनदार हृदय रेखा तथा शुक्र व चंद्र उठे होने पर इनके एक से अधिक प्रेम सम्बन्ध होते हैं।

4. ऐसी स्त्री होने पर इनका स्वास्थ्य ठीक नहीं रहता गर्भाशय के रोग, सिर में भारीपन, काम न करने का मन, कभी कहीं तो कभी कहीं दर्द बना रहता है।

5. चैनदार हृदय रेखा की एक शाखा यदि मस्तिष्क रेखा पर जाए तो सारा जीवन शान्ति नहीं मिलती।

6. ऐसे लोगों की मनः स्थिति बड़ी अजीब होती है। प्यार के विषय में इन्हें हमेशा सन्देह रहता है। कुछ हद तक सही भी है क्योंकि इन्हें प्यार करने वाले दो तरफा होते हैं।

7. इन्हें छोटी–छोटी बातें बहुत अधिक चुभती हैं तथा इनका दिल दुखाने वाले भी बहुत होते हैं।

8. शुक्र पर्वत, तथा चंद्र पर्वत कमज़ोर होने पर इन्हें बार–बार पेशाब जाने की आदत होती है।

9. ऐसे स्त्री पुरुष प्यार करने वाले होते हैं। ख़ासकर अपने बच्चों से।

10. हाथ का रंग काला, हृदय रेखा चैनदार, बुध की अंगुली टेढ़ी व मोटी भाग्य रेखा होने पर इनमें छल कपट भरा होता है।

11. इनका विवाहित जीवन सुखी नहीं होता। यह लापरवाह और मूड़ी किस्म के होते हैं मन किया तो कर लिया नहीं तो नहीं। यह समय के बारे में चिन्ता नहीं करते कि व्यर्थ हो रहा है या इसका कही इसका इस्तेमाल हो रहा है।

14. हृदय रेखा में त्रिभुज का बनना–

हृदय रेखा में त्रिभुज का होना अपने आप में एक महत्वपूर्ण लक्षण है।

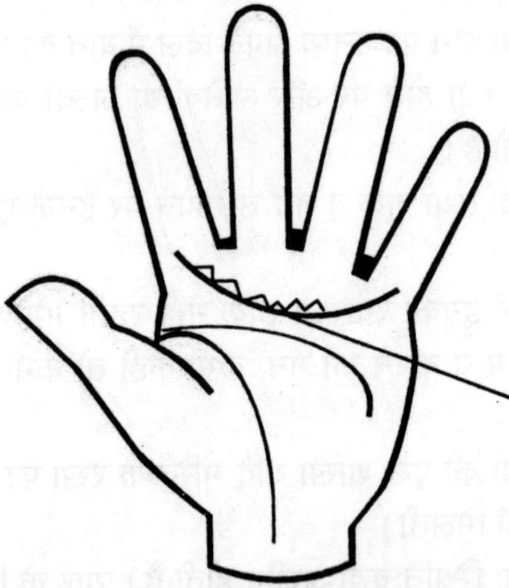

यह जितना साफ सुथरा व सुन्दर होता है उतना ही लाभकारी होता है।

1. हृदय रेखा में त्रिकोण या त्रिभुज ऊपर की तरफ स्पष्ट रूप से बने होने पर अपनी जायदाद को दर्शाते हैं।

2. हृदय रेखा में नीचे के तरफ एक से अधिक त्रिकोण, बने होने से व्यक्ति को सफलता काफी मेहनत के बाद मिलती है।

3. हृदय रेखा में ऊपर की तरफ त्रिकोण विशेष धन सम्पदा, आर्थिक उन्नति सभी तरफ से लाभ लेने वाले व समाज में अपना विशिष्ट स्थान रखने वालों के हाथ में होती हैं। पर ध्यान रहे वो छोटे–2 द्वीप न हो।

4. हृदय रेखा में यदि एक साथ ऊपर नीचे त्रिभुज बनते हो तो उस अवस्था में कष्ट आने पर भी उसका समाधान आसानी से हो जाता है। ऊपर की तरफ अधिक त्रिकोण होने पर जीवन कुल मिलाकर खुशहाल ही माना जाता है।

5. इस त्रिभुज के साथ अन्य रेखाओं में दोष होने पर मनुष्य के कामों में अड़चने आती रहती है।

6. मूलतः त्रिकोण बीमारी, चोरी व आर्थिक स्थिति को खराब होने बचाते हैं। जीवन रेखा अधूरी व मस्तिष्क रेखा में दोष होने पर इनके गुणों में कमी आ जाती है।

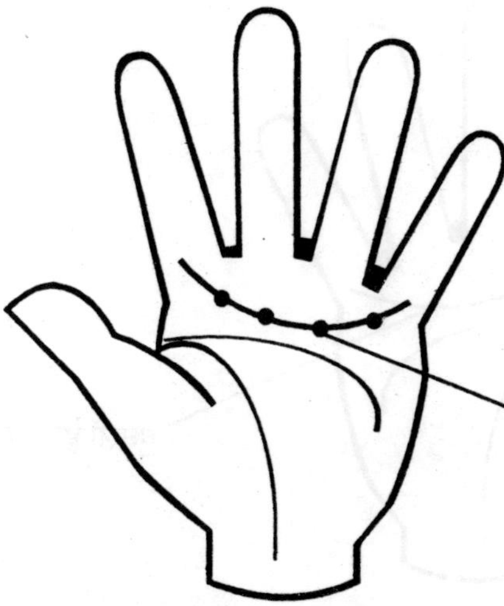

15. हृदय रेखा में तिल

हृदय रेखा में तिल का होना अच्छा लक्षण नहीं माना जाता। यह हृदय रेखा के गुणों में कमी ला देता है। यह तिल हाथ में हृदय रेखा के नीचे कहां स्थित है इसका भी व्यक्ति पर प्रभाव पड़ता है जैसे–

1. बुध के नीचे तिल, मनुष्य के चरित्र पर दोष धन का नुकसान झूठ बोलने वाले व कई बार कूटनीतिज्ञ तक हाथों में देखे गये हैं।

2. सूर्य के नीचे तिल, भी बदनामी, आंखों के रोग व स्वास्थ्य ठीक न रहने की निशानी है।

3. शनि के नीचे तिल, हृदय रोग जलने का खतरा व हृदय की घड़कन कम या ज्यादा रहना बताता है।

4. गुरु के नीचे तिल, पहले बदनामी तथा बाद में प्रसिद्धी का योग बनाता है।

16. धुधंली हृदय रेखा–

किसी–किसी हाथ में हृदय रेखा घुंधली सी होती है जो कि अन्य रेखाओं की तुलना में बिलकुल मिटी हुई सी प्रतीत होती है। घुंधली हृदय रेखा

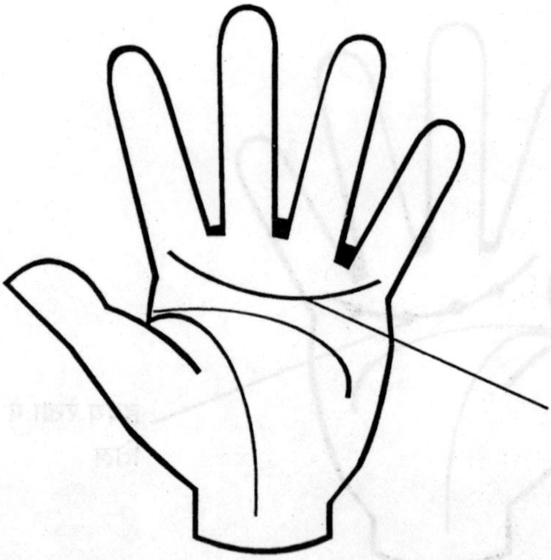

मनुष्य के स्वास्थ्य व काम दोनों पर प्रभाव डालती है–

1. इससे व्यक्ति का काम में मन नहीं लगता। कोई भी कार्य लगातार करने का दिल नहीं करता।

2. हृदय के रोग हो जाते है। धड़कन बढ़ी हुई सी महसूस होती है।

3. सांस लेने में तकलीफ़ कार्यक्षमता व प्राण शक्ति में कमी महसूस होती है।

4. हृदय रेखा के इस प्रकार होने से काम में तरक्की कम, तथा ऐसा समय कई बार आता है जब इन्हें लम्बा 'बैड रेस्ट' करना पड़ता है।

5. इन्हें प्यार में कमी महसूस होती है यदि अन्य रेखाओं में दृढ़ता हो व मस्तिष्क रेखा साफ–सुथरी हो तो दोषों में कमी आ जाती है।

9
सूर्य रेखा

सूर्य रेखा का स्थान हथेली में, अनामिका अंगुली के नीचे होता है किसी–2 हाथ में सूर्य रेखा की संख्या एक से अधिक होती हैं। एक से अधिक सूर्य रेखाएं होने पर मनुष्य का स्वभाव नम्र दूसरों की मदद करने वाला होता है। इन्हें अचानक ही तरक्की मिलती है।

वैसे तो सूर्य रेखा का अन्त कई प्रकार से होता है जैसे जीवन रेखा पर, भाग्यरेखा पर, मस्तिष्क रेखा पर, हृदय रेखा पर मंगल के स्थान पर और चन्द्र के स्थान पर आदि। तो आइये इन रेखाओं का वर्णन करें। आप पायेंगे कि एक सूर्य रेखा का अन्त विभिन्न–2 स्थान पर होने से फलादेश में भी कितना अन्तर आ जाता है।

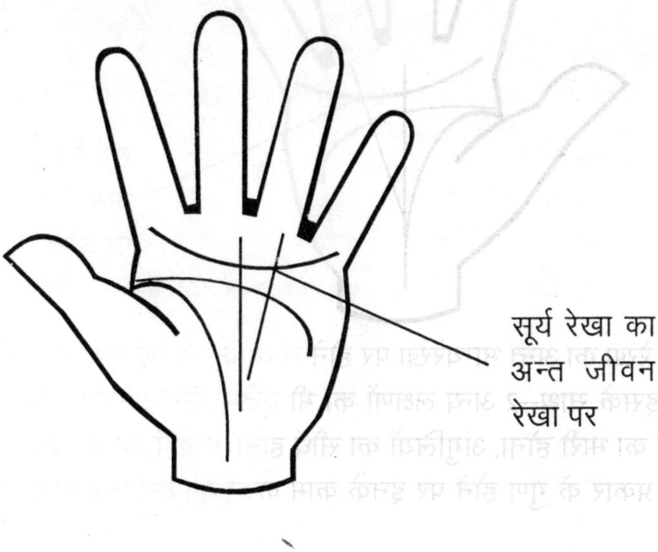

जीवन रेखा पर सूर्य रेखा का अन्त

जीवन रेखा पर सूर्य रेखा का अन्त एक बहुत ही अच्छा लक्षण है यह लक्षण प्रायः कम ही हाथों में होता है। इस प्रकार से सूर्य रेखा का अन्त होने पर, हाथ यदि भारी हो तो व्यक्ति बहुत ही तरक्की करने वाला होता है। ऐसे लोग एक साथ कई कार्य करने वाले होते हैं। प्रायः ऐसे लोग राजनीति में भाग लेने वाले, अपने कार्य क्षेत्र में यश मान पाने वाले, होते हैं। अंगूठा पीछे की तरफ, तथा अंगुलियां लम्बी होने पर अपना काम छोड़ कर दूसरों की मदद या सुख दुख बांटने वाले होते हैं। ऐसे लोगों का सम्बन्ध जिनसे होता है वह भी हाई फाई काम करने वाले होते हैं। प्रायः ऐसे व्यक्ति, पत्रकार, जज, इंजीनियर या विशेष कार्य में दक्ष होते हैं।

1. सूर्य रेखा का अन्त भाग्य रेखा परः

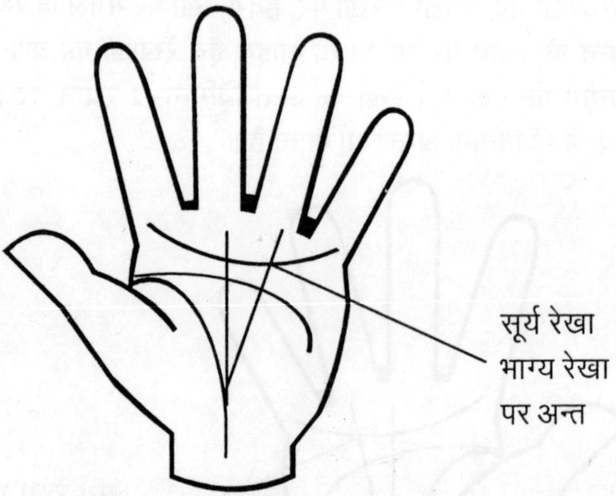

सूर्य रेखा का अन्त भाग्यरेखा पर होने से व्यक्ति में कई गुण आ जाते हैं। पर इसके साथ–2 अन्य लक्षणों का भी उत्तम होना आवश्यक है। जैसे, हाथ का भारी होना, अंगुलियों का सीधे होना, व ग्रहों का भी उठा होना। इस प्रकार के गुण होने पर इनके काम करने का ढंग निराला होता है।

इन्हें आकस्मिक धन लाभ होता है, और यदि यह विद्या के क्षेत्र में प्रवेश करें तो इन्हें नाम, यश, भी मिलता है। यह बहुत ही समझदार होते हैं। इस लक्षण के साथ ही मस्तिष्क रेखा द्विभाजित होने पर क्या कहना। यह निष्पक्ष राए देने वाले, दूसरों को सही गलत की पहचान से अवगत कराने वाले होते हैं। यह अपने जीवन में शीध्र ही सफल होते हैं यदि मस्तिष्क रेखा में दोष हो तो इन्हें रूक–2 कर सफलता मिलती है। अन्त समय इनका बहुत ही अच्छा रहता है।

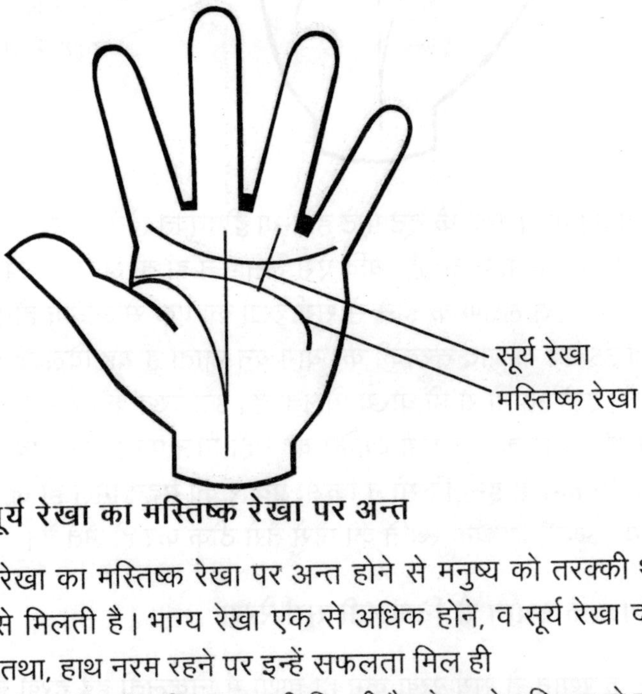

2. सूर्य रेखा का मस्तिष्क रेखा पर अन्त

सूर्य रेखा का मस्तिष्क रेखा पर अन्त होने से मनुष्य को तरक्की थोड़ी देर से मिलती है। भाग्य रेखा एक से अधिक होने, व सूर्य रेखा दोहरी होने तथा, हाथ नरम रहने पर इन्हें सफलता मिल ही जाती है। इन्हें पारिवारिक मदद भी मिलती है। ये अपने मस्तिष्क के ज़रीये यह कई प्रकार की योजनाओं को अन्जाम देने वाले होते हैं। इन्हें अपने जीवन में धन तथा प्रसिद्धि भी प्राप्त होती है।

3. हृदय रेखा पर सूर्य रेखा का अन्त

हृदय रेखा पर सूर्य रेखा का अन्त होने से मनुष्य को संघर्ष के बाद तरक्की

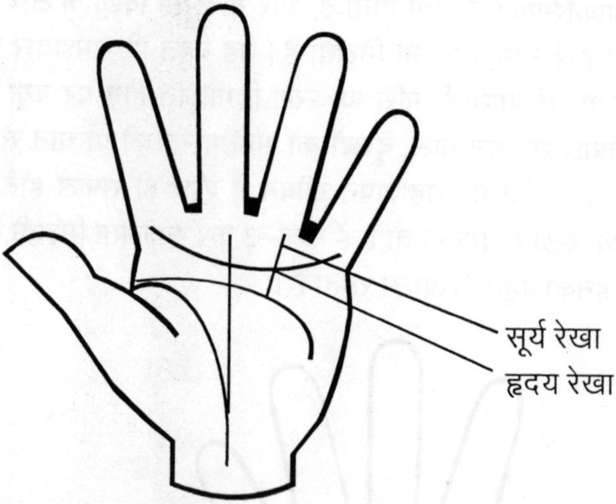

मिलती है। भाग्य रेखा के टूटे फूटे होने या द्वीपयुक्त होने से सारा जीवन ही जैसे व्यर्थ चला जाता हैं। यदि ऐसे लक्षण न हों तो अन्त में सफलता मिलती है। इस लक्षण के होने से सूर्य रेखा का एक से अधिक होने पर, 30 या 35 वर्ष के बाद तरक्की का योग बन जाता हैं यह दिल के साफ होते हैं। इन्हें अपनो से ही धोखा मिलता है। इस रेखा के टूटे–फूटे होने से किसी प्रकार का सहयोग व्यक्ति को नहीं मिल पाता। मस्तिष्क रेखा के निर्दोष होने से इन्हें किसी न किसी प्रकार की मदद मिल ही जाती है और यह अपनी आर्थिक स्थति को जैसे तैसे ठीक कर ही लेते हैं।

4. मंगल के स्थान से निकलती सूर्य रेखा

मंगल के स्थान से सूर्य रेखा कम ही हाथों में निकलती हुई देखी जाती है। ऐसे व्यक्तियों का स्वास्थ्य बचपन में प्रायः अच्छा नहीं होता। यह घूमफिर कर बाद में उन्नति करते हैं। इस वजह से इन्हें जीवन में सफलता देर से मिलती है। कई दफ़ा यह उल्टे पुलटे काम भी करते रहते हैं– जिससे इन्हें कानूनी समस्याओं का सामना भी। करना पड़ता हैं। इन्हें जीवन भर कुछ न कुछ अशांति बनी रहती है। इनका परिवारिक जीवन भी बहुत अच्छा नहीं होता। गुस्सा भी इन्हें जल्द आ जाता है।

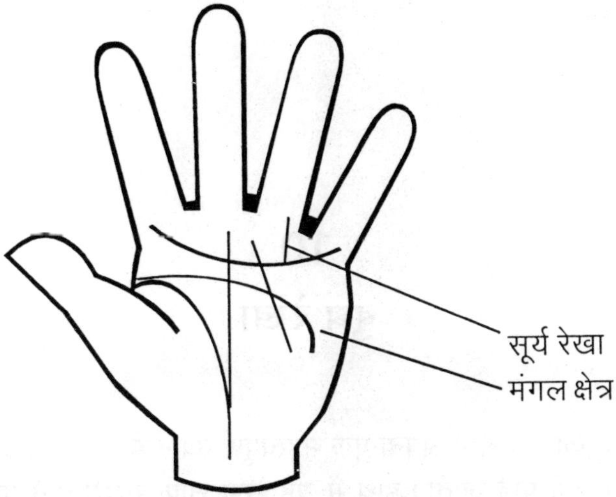

सूर्य रेखा का चंद्र के स्थान पर अन्त

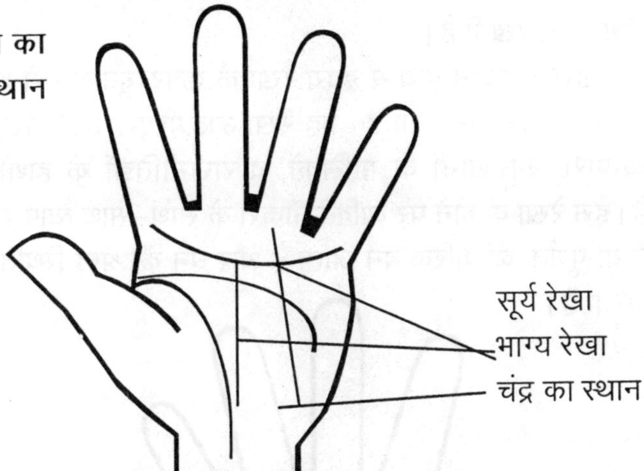

सूर्य रेखा का चंद्र पर्वत पर अन्त होने से, व्यक्ति में कल्पना शक्ति अधिक होती है। साथ ही भाग्य रेखा मोटी से पतली होने पर व्यक्ति को 22 या 24 साल के बाद तरक्की मिलनी शुरू हो जाती हैं। ऐसे व्यक्ति लेखक या 'फिलोस्फर टाइप' होते हैं। इन्हें प्रकृति से बड़ा प्यार होता है। हाथ अच्छा होने पर यह पहाड़ों के बीच मकान, या समुद्र के किनारे सम्पत्ति लेते हैं। यह प्यार पाने, और प्यार बांटने के शौकीन होते हैं। यह अपने जीवन में सफल होते हैं। इनका जीवन साथी भी सुन्दर होता है।

10
बुध रेखा

बुध रेखा का हथेली में अपना एक महत्वपूर्ण स्थान है पर यह रेखा सभी हाथों में नहीं पाई जाती। हाथ में यह रेखा साफ सुथरी होने पर एक विशेष गुण रखती है।

इसका स्थान हाथ में ह्रदय रेखा के ऊपर, बुध क्षेत्र से शुरू होकर चन्द्र के स्थान पर होता है। यह रेखा आई.पी.एस. अधिकारी, राजदूत, व्यापारी, कारखानों के मालिकों, व राजनीतिज्ञों के हाथों में होती है। इस रेखा के होने पर व्यक्ति नौकरी के साथ–साथ व्यापार भी करता है या पूर्णतः व्यापारिक बन जाता है और धन की श्रेष्ठ स्थिति को प्राप्त करता है।

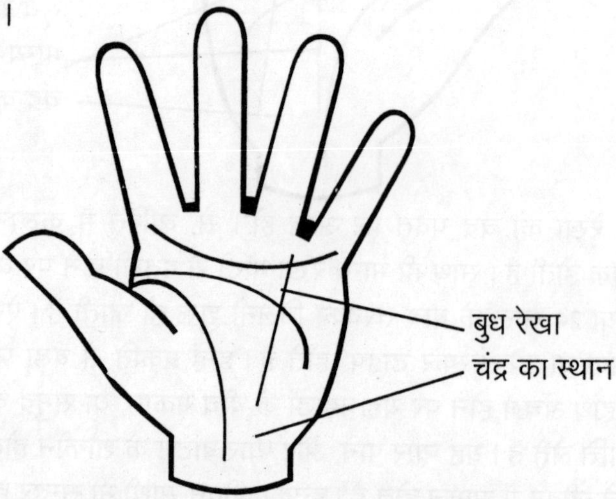

यह रेखा साफ़–सुथरी हो, हाथ का रंग गुलाबी, या हाथ नरम होने पर यह बहुत उन्नति करते हैं। इनका व्यापार साझेदारी में भी होता है। यह दूसरों को भी उत्तम राय देते हैं। व्यापार की बारीकियों की इन्हें अच्छी समझ होती है। इस रेखा तीन होने से मनुष्य के अन्दर अन्तर्ज्ञान भी शामिल हो जाता है। इसके टूटे–फूटे होने से जीवन में कई प्रकार के नुकसान होते हैं और स्वास्थ्य भी बहुत अच्छा नहीं रहता है। अन्य रेखाओं की तरह इस रेखा को भी अन्य रेखाओं से मिलाकर ही भविष्यफल करना चाहिए।

11
अन्तर्ज्ञान रेखा

अन्तर्ज्ञान रेखा हथेली में बुध पर्वत से निकलकर मस्तिष्क रेखा या उससे थोड़ा–सा पहले ही समाप्त हो जाती है कभी– कभी यह चंद्र पर्वत पर चन्द्राकार सी भी बनी होती है। दोनों ही स्थितियों में यह महत्वपूर्ण भूमिका निभाती हैं। कभी–कभी यह हाथों में दोनों प्रकारों से उपस्थित होती है। ऐसा होने से यह और अधिक महत्वपूर्ण हो जाती है।

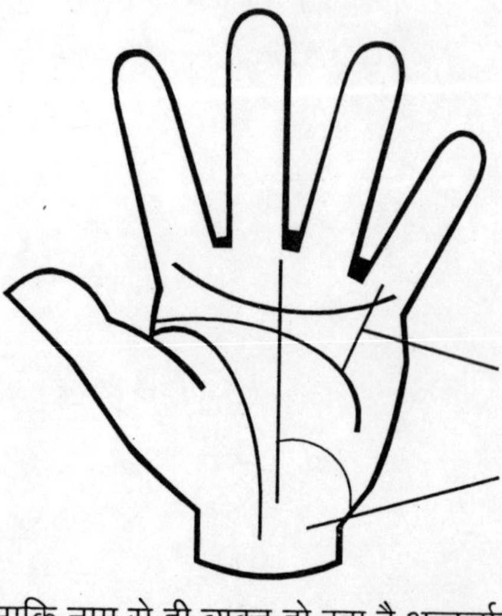

जैसाकि नाम से ही व्यक्त हो रहा है अन्तर्ज्ञान रेखा अर्थात् आभास होने या आने वाली घटनाओं का पता लग जाना। यह रेखा स्पष्ट होने पर व्यक्ति बहुत अधिक समझदार होता है। इन्हें सत्संग व ईश्वर के प्रति

रूचि तथा ईश्वर को पाने का बहुत अधिक शौंक होता है। यह साफ तथा कोमल हृदय के होते हैं। इनमें मैं की भावना कम ही होती है।

शनि की अंगुली के बीच का पौर बड़ा होने पर तथा अन्तर्ज्ञान रेखा के उपस्थित रहने से ऐसे व्यक्ति अच्छे ज्योतिषी या भविष्यवेत्ता सिद्ध होते हैं। यह अध्यात्म का भी लक्षण है। यदि यह रेखा टूटी–फूटी हो तो इन्हें सपने डरावने आते हैं। यह बिलकुल सरल हृदय मानव होते हैं। व्यापार करने पर कई दफा नुकसान उठाते हैं। पूजा–भक्ति में इनकी एकाग्रता कम होती है। फिर भी यह तहेदिल से ईश्वर का धन्यवाद करनें वाले होते हैं।

12
स्वास्थ्य रेखा

हथेली में स्वास्थ्य रेखा की स्थिति

यह रेखा जीवन रेखा से या उस ओर से निकलती हुई हृदय रेखा तक जाती है।

जैसा कि नाम से ही पता चलता है इसका सम्बन्ध मनुष्य के स्वास्थ्य से है इसलिए इसका नाम स्वास्थ्य रेखा पड़ा। इस रेखा के टूटे–फूटे होने से मनुष्य की सेहत अच्छी नहीं रहती। शरीर टूटा–टूटा सा महसूस होता है। सिर में भारीपन तथा पेट भी ठीक नहीं रहता है। इसमें त्रिकोण

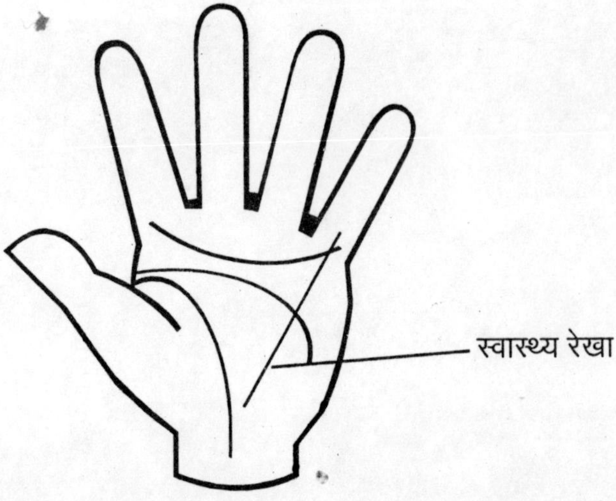

बन जाने पर ऑपरेशन का भी डर रहता है। जब भी स्वास्थ्य ख़राब होता है इस रेखा का रंग थोड़ा सा बदल जाता है। यदि यह निर्दोष अवस्था में पाई जाए तो व्यक्ति को टेकनीकल कामों में रूचि और काम करने का उत्साह होता है। इन्हें नई–नई वस्तुएं खरीदने का शौक होता है। इनकी रूचि व्यापार में ही रहती है, भाग्यवश चाहे इन्हें नौकरी करनी पड़े। जिस स्तर का हाथ होता है उसी के अनुसार यह रेखा फल देती है।

13

विवाह रेखा

विवाह रेखा का सम्बन्ध मनुष्य के विवाहित–जीवन, प्रेम–सम्बन्ध, आपसी समझदारी व कुछ हद तक स्वास्थ्य के साथ भी है। एक महत्वपूर्ण बात मैं आपको बताना चाहती हूं, कि इसका अपना अलग से कोई महत्व नहीं हैं। सभी रेखाओं के साथ समन्वय करने के बाद ही इस रेखा के लिए आप फलादेश कर सकते। अक्सर देखने में आया है कि लोग जितनी विवाह रेखाएं देखते हैं उतने ही विवाह होने की भविष्यवाणी कर देते हैं जो कि ठीक नहीं है।

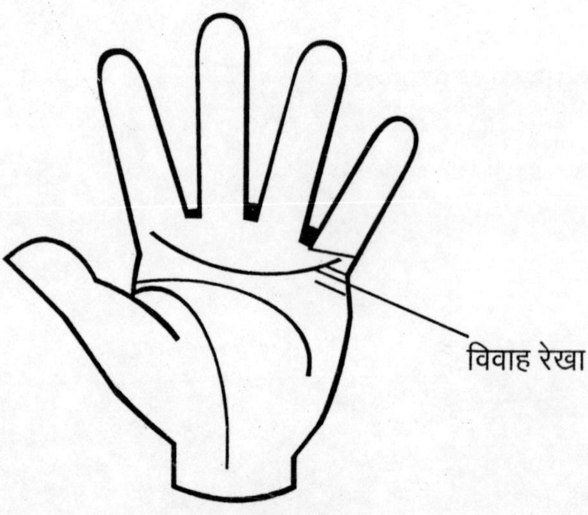

चित्र नं. 1

विवाह रेखा हथेली में बुध की अंगुली व ह्रदय रेखा के शुरूआत के स्थान के बीच में, समानान्तर रूप से स्थित होती है।

1. विवाह रेखा में यदि टुकड़े–टुकड़े हो और वह इसी प्रकार से आगे बढ़े तो गृहस्थ जीवन के सुख में रूकावट डालती है। इनकी पत्नी रूठ कर मायके चली जाती है या कुछ दिन तक इनकी आपसी बातचीत कम हो जाती है। (देखे चित्र न. 1 में)

2. विवाह रेखा यदि मुड़कर ह्रदयरेखा पर या उससे नीचे चली जाये व ह्रदय रेखा में भी दोष होने पर, मस्तिष्क रेखा के मंगल के स्थान से निकलने पर व मस्तिष्क रेखा में शनि पर्वत के नीचे दोष होने पर व्यक्ति में गुस्से की मात्रा बहुत अधिक बढ़ जाती है। यह अपनी पत्नी पर हाथ उठाने से भी नहीं झिझकते। यदि इन्हीं लक्षणों के साथ अंगूठा आगे की तरफ झुकता हो तो, गुस्से में आकर यह जान तक ले लेते हैं। (देखे चित्र न. 2 में)

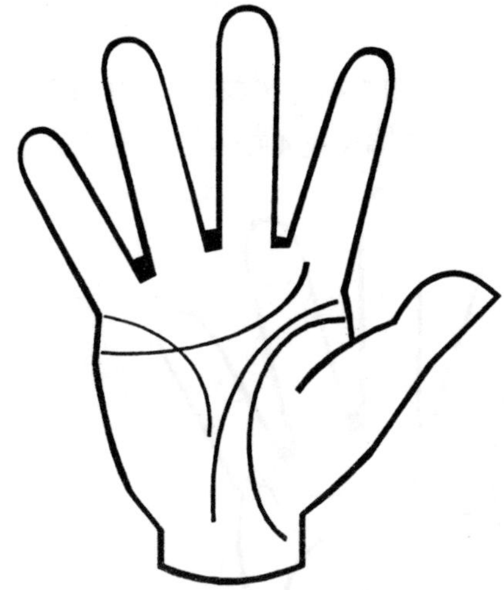

चित्र नं. 2

3. यदि विवाह रेखा ऊपर की तरफ अर्थात अंगुलियों को देख रही हो तो यह गुहस्थी के लिए एक अच्छा लक्षण है। इनका गृहस्थ जीवन सुखी रहता है। हां, यदि अन्य रेखाओं में भी कोई दोष न हो तो तभी यह संभव है। (देखे चित्र न. 3 में)

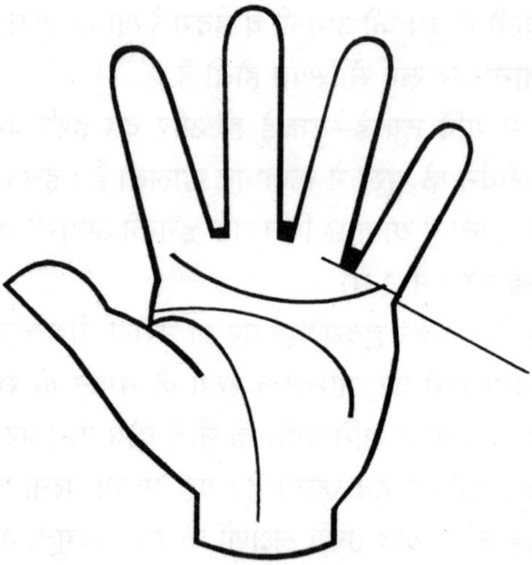

चित्र नं. 3

4. विवाह रेखा के हृदय रेखा पर आ जाने से पति होने पर पत्नी का और पत्नी होने पर पति का स्वास्थ्य ठीक नहीं रहता। साथ ही यदि इस रेखा पर X क्रास आ जाये या ☆ (सितारा) बन जाने पर अलगाव या विधवा योग होता है। (देखे चित्र न. 4 में)

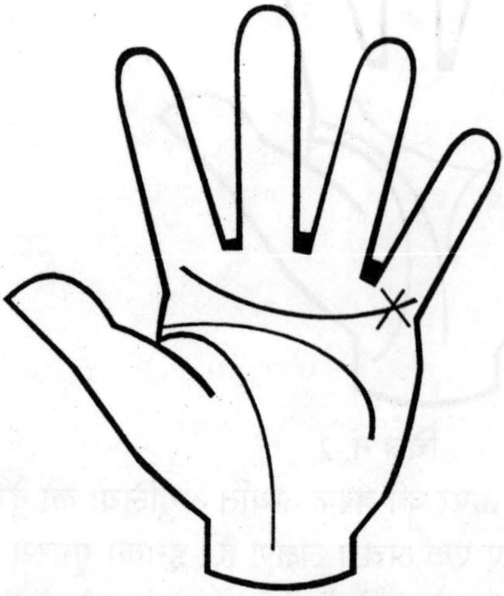

चित्र नं. 4

5. विवाह रेखा लम्बी होकर गुरू की अंगुली तक जाये और वह निर्दोष हो तो व्यक्ति को ससुराल से धन आदि की प्राप्ति करवाती है। (देखे चित्र न. 5 में)

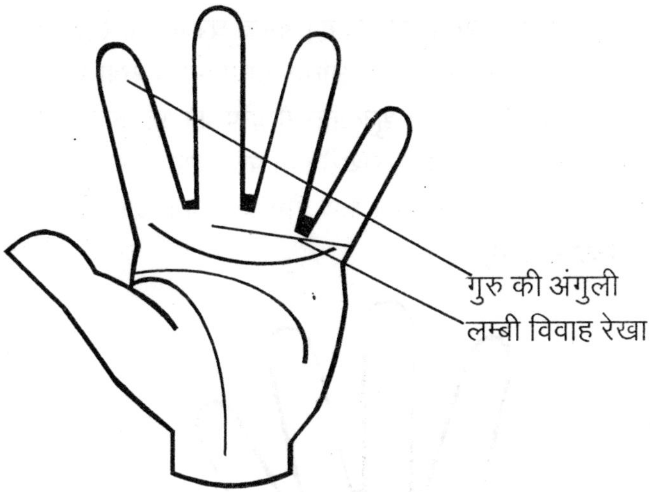

चित्र नं. 5

6. विवाह रेखा आगे से द्विभाजित होने से विवाह सम्बन्धों में खटास व आये दिन मनमुटाव पैदा करती है। इनका विवाहित जीवन कांटों की धार पर चलता है। ऐसी स्त्रियां छोटी–छोटी बात को बहुत अधिक महसूस करने वाली होती हैं। (देखे चित्र न. 6 में)

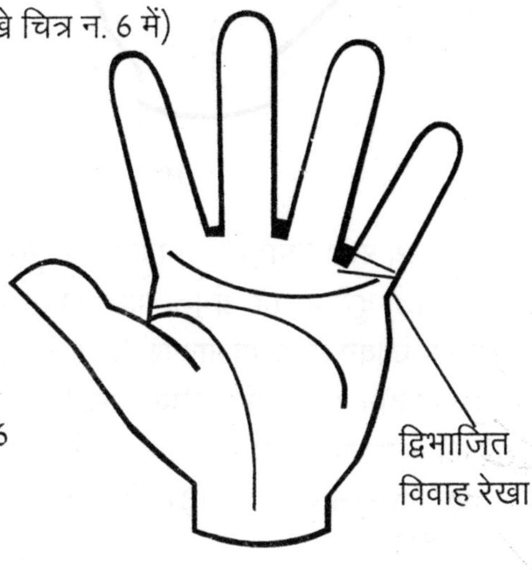

चित्र नं. 6

7. शुक्र ग्रह उठा होने पर हृदय रेखा से शाखाएं मस्तिष्क रेखा पर जाने से, जीवन रेखा व मस्तिष्क रेखा का जोड़ लम्बा होने पर, व भाग्य रेखा में द्वीप होने पर इनके अतिरिक्त यौन सम्बन्ध होते हैं। विवाह रेखा कटी फटी होने पर सुख–शान्ति का अभाव घर में बना रहता है।

8. विवाह रेखा के एक से अधिक होना, भाग्य रेखा मोटी से पतली होते जाना, भाग्यरेखा की शुरूआत में द्वीप का आ जाने, शुक्र के उठा होने व मस्तिष्क रेखा साफ–सुथरी होने पर मनुष्य के सम्बन्ध कई स्त्रियों से हो जाते हैं कंई बार यह लक्षण होने पर प्रेम विवाह भी हो जाता है। (देखे चित्र न. 7 में)

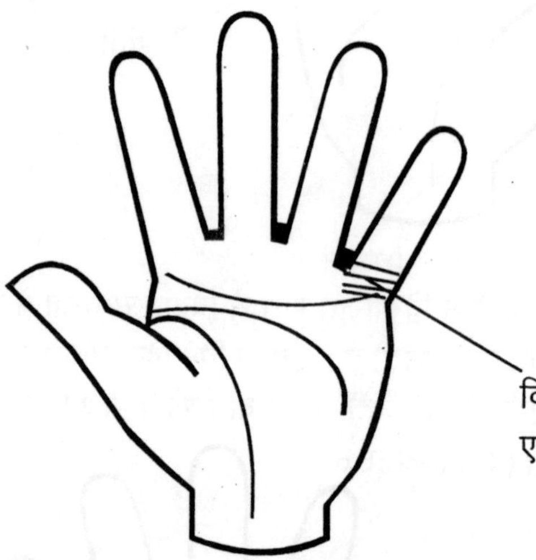

चित्र नं. 7

9. भाग्य रेखा निर्दोष हो, विवाह रेखा सुन्दर हो, भाग्य रेखा जीवन रेखा से थोड़ी दूरी पर हो, अंगूठा पीछे की तरफ, तथा अंगुलियां सीधी व पतली हों, जीवन रेखा गोलाकार, हृदय रेखा साफ सुथरी व हाथ का रंग गुलाबी होने से विवाहित जीवन सुखी होता है। ऐसे पति–पत्नी एक दूसरे की जरूरतों का ध्यान रखने वाले होते हैं।

10. मस्तिष्क रेखा के द्विभाजित होने के साथ–2 विवाह रेखा के

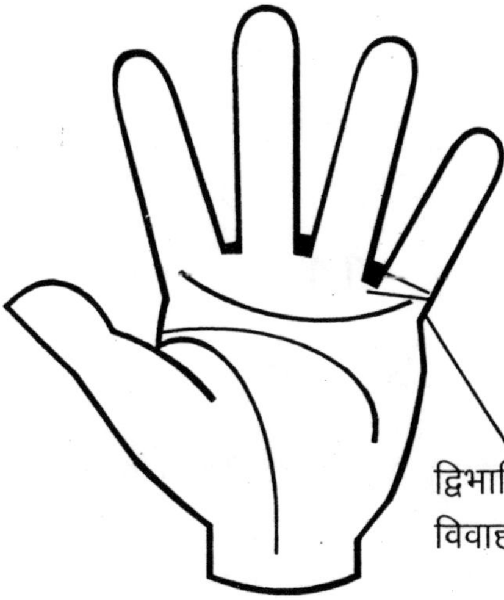

चित्र नं. 8

भी द्विभाजित होने पर, ऐसी स्त्रियों को वासनापूर्वक चाहने वाले कई लोग होते हैं और न चाहते हुए भी इनके सम्बन्ध स्थापित हो जाते हैं। (देखे चित्र न. 8 में)

14
मुद्रिकाएं

हाथों में एक से अनेक लक्षण पाए जाते हैं। जिनमें रेखाओं से मुद्रिकाओं का भी विशेष महत्व है। आमतौर पर देखा गया है कि सामान्य लोग रेखाओं को ही महत्व देते हैं। मुद्रिकाओं को इतना महत्व नहीं देते हैं। जब मुद्रिकाओं के अध्ययन के बिना फलादेश अधूरा होता है। ये बात अलग है कि मुद्रिकाएं सब हाथों में नहीं होती है।

मुद्रिकाएं जैसा कि नाम से ही जाहिर है कि हाथों में मुद्रिका का होना अर्थात् अंगूठी जैसी आकृति का होना (˘) ये मुद्रिकाएं हथेली में ग्रहों के नीचे स्थित होती है। जैसे गुरु की अंगूली की नीचे गुरु मुद्रिका बुध के नीचे स्थित बुध मुद्रिका कहलाती है। ये मुद्रिकाएं अपना सर्वोत्तम फल तभी देती है। जब ये साफ–सुथरी दोषरहित हों।

गुरु मुद्रिका–(चित्र में न. 1) ये मुद्रिका अगर हथेली में अपना स्थान रखती हो, तो बहुत ही लाभ देती है। अगर ये साफ होकर जीवन–रेखा की तरफ थोड़ा झुकाव करें तो इन्हें गुरु व ईश्वर की पूर्ण कृपा रहती है। ऐसे लोग ईश्वर को मानने वाले व अपनी भक्ति साधना में विलीन होते हैं। हाथ भारी व रंग गोरा हो तो बहुत ईमानदार व गहरे साधक होते हैं।

अगर हाथ का रंग काला हो, मुद्रिका से अंजाम न दे पाने वाले होते हैं। बात–बात पर गुस्सा आ जाना इनका स्वभाव होता है। तथा इनमें एकाग्रता की कमी होती है। अगर हाथ का रंग साफ हो तो निरंतर अभ्यास करने की कोशिश करते हैं–कि ईश्वर साधना को बनाये रखें।

गुरु मुद्रिका के साथ अगर अंगुलियों के नीचे आधार बराबर हो, अन्तर्ज्ञान रेखा हो तो शुरु से ही इनके परिवार में धार्मिक रीति–रिवाज

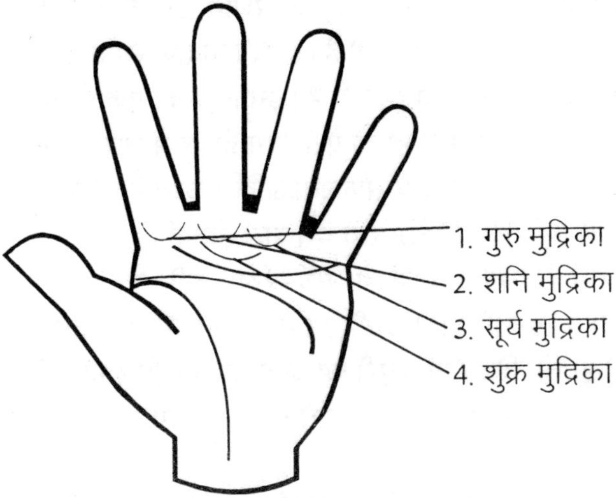

व अनुष्ठान होते रहते हैं। ऐसे ज्योतिषी, मंत्रों, तंत्रों का ज्ञान रखने वाले होते हैं।

गुरु मुद्रिका के टूट–फूट या टूट–टूट कर चलने से इनके संबंधी धन को लेकर परेशान रहते हैं। अगर हृदय–रेखा विभाजित होकर बृहस्पति मुद्रिका में मिल जाए या बृहस्पति मुद्रिका हृदय–रेखा को भी घेर ले तो ऐसे लोगों के अनैतिक संबंध होते हैं। पर धार्मिक प्रवृत्ति फिर भी रहती है।

शनि मुद्रिका–(चित्र में नं. 2) शनि मुद्रिका भी शनि की अंगुली के नीचे शनि ग्रह पर स्थित होती है।

टूटी–फूटी होने पर इंसान की धार्मिक व आर्थिक प्रगति में रुकावट होती है। ऐसा कई बार देखा गया है कि इनके घर में आग लगती है या स्वयं खुद को इसका भय होता है। छुट–पुट घटनाएं इनके साथ होती रहती है।

अगर यह देखा दोषरहित, हाथ भारी, मुलायम, अंगूठा लम्बा हो तो विशेष फलदायक होती है। इसकी उपस्थिति होने पर मनुष्य अध्यात्म में विशष रुचि रखता है। अगर ये शिव आराधना करते हैं। तो बहुत अच्छी स्थिति इन्हें अध्यात्म में मिल जाती है। इन्हें बचपन से ही ईश्वर के प्रति रुचि रहती है। ऐसे लोग वफादार व दयालु होते हैं।

सूर्य मुद्रिका–(चित्र में न. 3) इसका स्थान सूर्य की अंगूली के नीचे होता है। तथा ये सूर्य ग्रह को घेरती है। इसकी निर्दोष स्थिति व सूर्य–रेखा इसके गुणों को कई गुणा बड़ा देती है। इनके अन्दर एक से अनेक गुण होते हैं। अगर हाथ भी भारी हो तो ऐसे लोग ईश्वर में आस्था रखने वाले व अपने कार्यरत क्षेत्र में विशेष सफलता अर्जित करते हैं। ऐसे लोग बहुत ही समझदार, बुद्धिमान निष्पक्ष राय देने वाले होते हैं।

अगर ये मुद्रिका दोषपूर्ण हो, सूर्य–रेखा, टूटी–फूटी हो तो आंखों में रोग देती है। इनकी आंखे छोटी उम्र मे ही कमजोर हो जाती है। अगर यह अधूरी हो तो, शिक्षा भी अधूरी रह जाती है। पर फिर भी बड़ी उम्र में वह किसी प्रकार से लाभ उठा ही लेते हैं। ऐसे लोग आसानी से किसी को अपना गुरु नहीं मानते हैं।

शुक्र मुद्रिका–(चित्र में नं. 4) हथेली में शनि व सूर्य की अंगुली के नीचे इस प्रकार गोलाई लिए हुए (˘) रेखा को शुक्र मुद्रिका कहते हैं। प्राः ये मुद्रिका 50 प्रतिशत लोगों में पाई जाती है। ये मुद्रिका इंसान को बहुत अधिक कामुक बना देती है। अगर ये हथेली में, अंगुलियों के पास हो, हाथ का रंग काला हो अंगुलियां टेढ़ी–मेढ़ी हो तो ऐसे लोग बलात्कार करते पाए जाते हैं।

अगर अंगुलियां पतली हों हाथ का रंग साफ हो, हृदय–रेखा जंजीरदार हो तो इनके एक से अनेक संबंध पाए जाते हैं।

शुक्र मुद्रिका साफ–सुथरी अंगुलियों से दूर हो, ऐसे लोग धनवान इन्हें कोई न कोई यौन रोग, या बीमारी जरुर होती है। ऐसे लोग साहित्यकारा फिल्मकार, कलाकार भी पाए जाते हैं। ये रेखा साफ–सुथरी हो तो बहुत ही उच्च तरक्की करने वाले व उच्च कोटी के कलाकार व लेखक पाए जाते हैं पर ये कामुक स्वभाव के अवश्य होते हैं।

बहुत अधिक दोष होने पर ऐसे लोग अपनी पत्नी को पैसों की खतिर बेच देते है। या अपनी पत्नी को रखते हुए उससे गलत कार्य या अनैतिक संबंध स्थापित करवाते हैं।

15
मंगल रेखा

मंगल रेखा हाथ में बहुत महत्वपूर्ण भूमिका निभाती है यह मनुष्य में आत्मविश्वास, निर्भयता, और साहस आदि गुणों का समावेश करती है। निर्दोष होने पर यह 'सोने में सुहागे' का कार्य करती है।

मंगल का हथेली में स्थान

मंगल रेखा हथेली में जीवन रेखा के साथ–साथ समानान्तर चलती है। कई बार यह मंगल के क्षेत्र से भी उदय होती है।

मंगल रेखा के गुण व अवगुण

गुण–मंगल रेखा के जीवन रेखा के पास होने व निर्दोष अवस्था में रहने

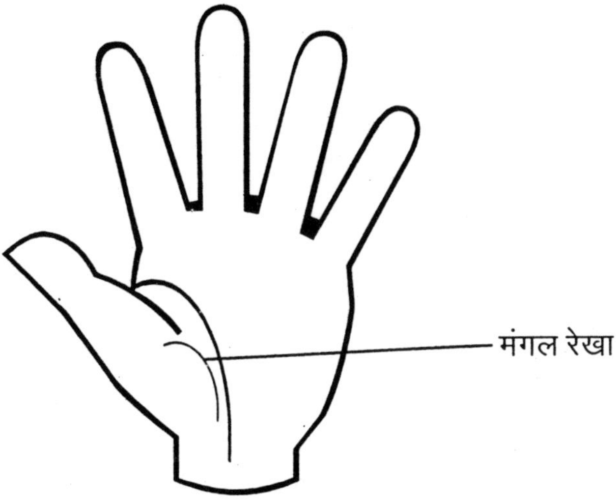

से मनुष्य का विवाह जल्दी होता है और उसका गृहस्थ जीवन भी ठीक ठाक रहता है।

2. हृदय रेखा या मस्तिष्क रेखा में किसी भी प्रकार का दोष होने पर मंगल रेखा के निर्दोष होने पर मनुष्य को स्वास्थ्य व पारिवारिक परेशानी ज्यादा नहीं आती। अगर आती भी है तो मंगल रेखा उसे काफी हद तक कम कर देती है।

3. निर्दोष मंगल रेखा शनि ग्रह उन्नत, अंगुलियां सीधी व हृदय रेखा और मस्तिष्क रेखा के बीच बने फासले में सुन्दर सा कट होने पर इन्हें अन्तर्ज्ञान, चमत्कार, व साहस के कार्यों से प्रसिद्धी मिलती है।

4. निर्दोष मंगल रेखा, भाग्य रेखा को चन्द्र क्षेत्र से आकर रेखाएं काटे व शुक्र उठा हुआ होने पर इन्हें प्रेम सम्बन्धों से लाभ होता है।

5. निर्दोष मंगल रेखा, मोटी भाग्य रेखा, मंगल क्षेत्र उन्नत व शनि की अंगुली लम्बी होने पर इन्हें खेती बाड़ी, बाग बगीचे के कार्यों में रुचि तथा आय का साधन भी मिलता है।

6. सूर्य रेखा जीवन रेखा से निकले, मंगल रेखा हो, शनि की अंगुली लम्बी तथा सीधी हो, तो इन्हें कलाकार बनने का शौक व लेखन से लाभ होता है।

7. साफ सुथरी मंगल रेखा, जीवन रेखा को काटती एक रेखा हृदय रेखा तक पहुंचे, सूर्य रेखा साफ सुथरी हो, सूर्य की अंगुली सीधी हो तो इन्हें सभी से लाभ होता है। इनके सम्बन्ध बड़े–2 लोगों के साथ होते हैं।

8. यह रेखा जीवन रेखा को मजबूती प्रदान करती है और कुछ हद तक अन्य रेखाओं के दोषों में खास कर जीवन रेखा के दोष में कमी कर देती है।

मंगल रेखा के अवगुण

1. मंगल रेखा टूटी–फूटी हो या रूक–रूक कर चलती हो, रंग काला हो, व जीवन रेखा इसके साथ सीधी होने पर, मनुष्य के जीवन में कठिनाईयां बहुत आती है।

2. मंगल रेखा के काली या लाल होने पर इन्हें क्रोध बहुत आता है।

गुस्से में यह बहुत कुछ ऊटपटांग कर देते हैं। इन्हें दूसरों को चुनौती देने की आदत होती है।

3. हृदय रेखा से शाखाएं मस्तिष्क रेखा में आती हों, भाग्य रेखा में त्रिकोण हो, व दोष पूर्ण मंगल हो तो व्यक्ति का विवाहित जीवन सुखी नहीं रहता है।

4. मंगल रेखा टेढ़ी–मेढ़ी हो या कभी पास कभी दूर हो तो इनका स्वास्थ्य ठीक नहीं रहता, या कोई और भी दोष हो तो इन्हें बड़ी–बड़ी बीमारियां जैसे कैंसर, एड्स आदि घेर लेती हैं। पर इसके साथ अन्य रेखाओं का विश्लेषण करना भी आवश्यक है।

5. मंगल रेखा दोषपूर्ण होने, अंगूठा आगे की तरफ तथा जीवन रेखा सीधी होने पर मनुष्य के जीवन में धन को लेकर हमेशा समस्या बनी रहती है।

6. हाथ सख्त हो, मंगल रेखा भी ठीक न हो तथा मस्तिष्क रेखा में कोई विभाजन न हो तो मनुष्य को अपने रिश्तेदारों से कोई लाभ नहीं होता है, न ही यह रिश्तेदारों की कोई मदद कर पाते।

7. मंगल रेखा, व शुक्र उठा हुआ हो, हृदय रेखा की एक शाखा गुरुपर्वत तथा दूसरी शनि पर्वत पर होने से, भाग्य रेखा में द्वीप, अंगुलियां मोटी व अंगूठा सख्त होने पर ऐसे लोग प्रेम में बदनामी पाते हैं तथा घर से भागने पर पकड़े जाते हैं। कोई भी काम दूरदर्शिता से नहीं करते। फलस्वरूप लांछन भी कई प्रकार के लगाते हैं।

8. मंगल रेखा; जीवन रेखा के ज्यादा समीप हो और उस पर तिल या काले धब्बे हों तो इन्हें शराब या भोजन में ज़हर मिला कर मार देने का प्रयास किया जाता है। दोनों हाथों में यह लक्षण होने पर इनकी मृत्यु हो जाती है।

9. मंगल रेखा जीवन रेखा और भाग्य रेखा को आड़ी रेखाएं काटती हों तो पर मनुष्य के कामों में बड़ी–बड़ी रूकावटें आती हैं।

10. शुक्र पर तिल हो, मंगल रेखा में दोष हो व हाथ में कई स्थानों पर काले–काले धब्बे बनने से मनुष्य को यौन रोग व अन्य कोई बीमारी लगने का ख़तरा रहता है।

16
तिलों का भेद

प्रत्येक मनुष्य के शरीर पर जन्मजात और भी अनेक चिन्ह होते हैं हस्तरेखा के समान ही इनका भी अपना महत्व है। जैसे प्रत्येक मनुष्य के शरीर पर तिल भी होते हैं। इन तिलों का भी अपना प्रभाव होता है।

तिल फल

पेट पर – अच्छा भोजन चाहेगा।
पेट के बीचों बीच – डरपोक होगा।
पसली पर – डरपोक होगा।
हृदय पर – बुद्धिमान होगा।
बगल में – हानि पहुचांये।
कमर पर – परेशानी से जीवन बीतेगा।
दांतों के नीचे – लज्जित होना पड़ेगा।
दाहिनी छाती पर – कामी होगा।
छातियों के बीच – आराम से निर्वाह हो।
बाईं छाती पर – पत्नी से लड़ाई हो।
दाहिनी छाती पर – स्त्री से प्रेम रहे।
नाक पर – यात्रा होती है।
बाईं भुजा पर – लड़का होगा।
दाईं भुजा पर – आदर मिलेगा।
गर्दन पर – आराम मिले।
कान पर – अल्पायु।

होंठ के नीचे – निर्धनता बनी रहेगी।

होंठ पर – कामुक स्वभाव।

बायें गाल पर – निर्धन रहेगा।

दाहिने गाल पर – धनवान होगा।

बाईं आंख पर – निरंतर चिंता बनी रहे।

दाईं आंख पर – स्त्री से प्रेम रहेगा।

दोनों भौहों पर – यात्राएं बहुत होंगी।

ठुड्डी के ऊपर – स्त्री से मेल न रहेगा।

माथे के बांयीं ओर – घोर परेशानी से जीवन बीते।

माथे के दाहिनी ओर – धन बढ़ता जायेगा।

पीठ पर – यात्रा करता रहे।

दाहिनी हथेली पर – धनवान हो।

दाहिने हाथ पर – कोष वाला हो।

बाईं हथेली पर – व्यर्थ व्यय हो।

बायें हाथ की पीठ पर – बुद्धिमान हो।

दाहिने पैर में – बहुत बुद्धिमान हो।

बांयें पैर में – व्यय अधिक करे।

स्त्री की योनि पर – विधवा, धन में तंगी, पुत्रहीन।

यह केवल पुरुष शरीर तिल के लक्षण हैं। स्त्री तिल के लक्षण इसके एक दम विपरीत होते हैं यहां स्त्री के दाहिनी ओर होने पर फल घटता जायेगा। बायें से दायी और होने पर सुख से जीवन बीतेगा।

ग्रहों या पर्वतों पर तिल

गुरु पर तिल मनुष्य की आर्थिक स्थिति को दृढ़ करता है।

शनि पर्वत पर तिल– शनि पर तिल गुद्‌गुदे हाथ में धनी होने का योग बनाता है पर इन्हें बिजली या आग से हानि करवाता है।

सूर्य पर्वत पर तिल–सूर्य पर तिल सुख तथा यश में वृद्धि करता है। ज्योतिष में रुचि पैदा करता है।

बुध पर्वत पर तिल–बुध पर्वत पर तिल होने से मनुष्य में वाक्–कला होती है, पर यह केवल हाथ सुन्दर होने की दशा में ही सम्भव है

अन्यथा ऐसे व्यक्ति चोर होते हैं। ऐसे व्यक्तियों में चोरों जैसी प्रवृत्ति होती है।

शुक्र पर्वत पर तिल— शुक्र पर्वत पर तिल व्यक्ति के आराम—तलब होने का लक्षण है। पति—पत्नी में ज्यादा नहीं बनती।

चन्द्र पर्वत पर तिल—चन्द्र पर्वत पर तिल होने से मनुष्य धनी होता है। इन्हें विदेश जाने का अवसर मिलता है।

मंगल पर्वत पर तिल—मंगल पर्वत हथेली में दो जगहों पर स्थित होता है। एक जीवन रेखा के उद्गम स्थान पर है। यहां तिल होने से सिर में चोट, व स्वभाव में कठोरता पाई जाती है। जबकि बुध के नीचे मंगल क्षेत्र पर तिल होने से मनुष्य को सम्पत्ति सुख में बाधा आती है।

17
शुभ अशुभ लक्षण

हाथ में रेखाओं के अतिरिक्त और भी अनेक लक्षण पाए जाते हैं जिनसे मनुष्य के सामाजिक जीवन व्यापार और स्वास्थ्य आदि के बारे में भविष्यवाणी की जा सकती है।

प्रमुख चिन्ह और उनके फल के सम्बन्ध में जानकारी इस प्रकार से है।

क्रॉस–X

जब शुक्र क्षेत्र पर क्रॉस हो, तो व्यक्ति के प्रेम सम्बन्ध में एक अवांछनीय मोड़ आ सकता है। जिससे कई बार मानसिक सन्तुलन खराब होने से विवाद हो जाते हैं। यह क्रॉस स्पष्ट होने पर ही अपना फल दिखाता है। उलझी हुई रेखाएं व नरम हाथ होने पर ऐसा नहीं होता।

क्रॉस क्षेत्र; चन्द्र क्षेत्र पर होने से व्यक्ति दिन रात कल्पना में डूबा रहता है। मानसिक रूप से परेशान रहता है उसे पानी से खतरा रहता है। क्रॉस बुध के क्षेत्र पर होने से आ तक में छल–कपट, बेईमानी के लक्षण आ जाते हैं।

मंगल क्षेत्र पर क्रॉस हो तो व्यक्ति का स्वभाव चिड़चिड़ा हो जाता है। छोटी–सी बात होने पर झगड़े–फसाद के लिए उतारू हो जाते हैं।

सूर्य क्षेत्र पर क्रॉस, जीवन में रूक–रूक कर सफलता, धन की क्षति, मानसिक रूप से बैचेनी तथा नेत्रों के रोग को दर्शाता है।

शनि क्षेत्र में क्रॉस होने से, धन की क्षति, दांतों के रोग व व्यापार में उलझनें आदि आती हैं।

द्वीप–जिस प्रकार किसी बहती हुई नदी में कहीं बीच में रेत का टापू निकल आता है उसी प्रकार किसी रेखा में कहीं पर द्वीप बन जाता है। द्वीप हाथ में किसी रेखा पर भी बन सकता है। ग्रहों पर इसका स्थान नहीं होता। द्वीप हाथ में कहीं पर शुभ नहीं होता, पर मस्तिष्क रेखा के ऊपर थोड़े से द्वीप बन जाने से मनुष्य के स्वभाव में दया व धार्मिकता आ जाती है। अतः एक या दो द्वीप मस्तिष्क रेखा पर आ जाने से कोई नुकसान नहीं होता। ज़्यादा द्वीप बन जाने से मस्तिष्क में दुर्बलता, मानसिक रोग तथा चिड़चिड़ेपन की भावना आ जाती है। द्वीप के हृदय रेखा पर होने से हृदय रोग की संभावना होती है।

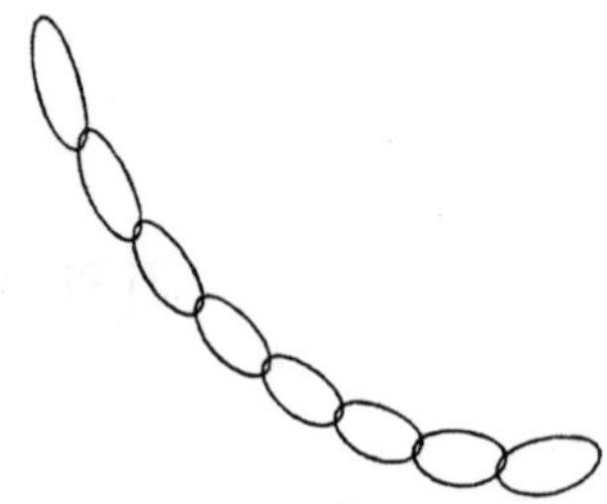

द्वीप चिन्ह स्वास्थ्य रेखा पर होने से मनुष्य का स्वास्थ्य ठीक नहीं रहता। इन्हें कोई गम्भीर रोग हो जाता है। नाख़ून गोल व हाथ नरम होने पर दमा रोग भी पाया जाता है।

नाख़ून लम्बे हों तथा जीवन रेखा में दीप होने से फेफड़े के रोग या फेफड़े दुर्बल होते हैं।

जाल–जाल सामान्यतः ग्रह क्षेत्रों पर पाये जाते हैं। जहां ये जाल होते हैं यह मनुष्य की सुदृढ़ रेखाओं के प्रभाव को कम करते हैं किन्तु नरम हाथ में इसका इतना प्रभाव नहीं होता।

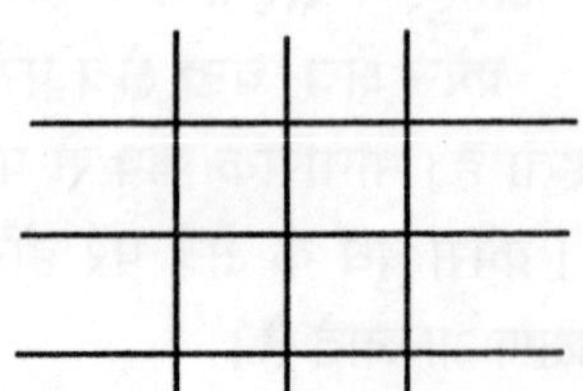

शनि क्षेत्र पर जाल होने से व्यक्ति उदास, निराशावादी और चिड़चिड़ा होता है। यह बगैर किसी काम के भी अपने आप को व्यस्त बताते हैं।

सूर्य क्षेत्र पर जाल होने से व्यक्ति की झूठ बोलने की प्रवृत्ति, पढ़ाई

के कामों में रूकावट तथा घरेलू सम्बन्धों में खटास रहती है।

बुध क्षेत्र पर जाल जातक को अनैतिक कामों की तरफ प्रेरित करने वाला, सिद्धांतहीन व उदासीन बनता है।

त्रिकोण—अन्य आकृतियों की तरह त्रिकोण का भी हाथ में अपना महत्व हैं स्वतन्त्र तथा साफ—सुथरे त्रिकोण बहुत लाभकारी होते हैं। जबकि कटे—फटे त्रिकोण इतना लाभ नहीं देते।

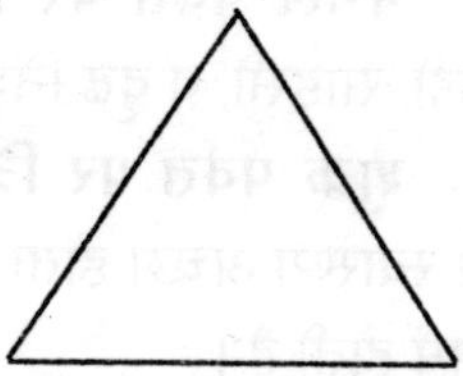

जीवन रेखा में त्रिकोण—जीवन रेखा में त्रिकोण मनुष्य की दुर्घटनाओं से रक्षा करवाता हैं। बड़ा त्रिकोण, मनुष्य को सम्पत्ति प्रदान करता है।

मस्तिष्क रेखा में त्रिकोण—मस्तिष्क रेखा में त्रिकोण, संकटों से रक्षा करवाता है। यहां साफ—सुथरा त्रिकोण, यश, मान तथा आर्थिक लाभ देता है।

भाग्यरेखा में त्रिकोण—भाग्य रेखा में साफ—सुथरा त्रिकोण धन लाभ देता है।

हृदय रेखा में त्रिकोण—हृदय रेखा में त्रिकोण पैतृक सम्पत्ति व धन का लाभ कराती है। इन्हें पेड़ पौधों से लगाव होता है।

गुरु पर्वत पर त्रिकोण—गुरु पर्वत पर साफ—सुथरा त्रिकोण साफ—सुथरे हाथ में अथाह धन सम्पत्ति दर्शाता है। उद्योगपतियों व राजनीतिज्ञों के हाथ में यह त्रिकोण पाया जाता है। यह त्रिकोण मनुष्य को ख्याति तथा शासन करने का गुण प्रदान करता है।

शनि पर्वत पर त्रिकोण—शनि पर्वत पर त्रिकोण मनुष्य को आने वाली घटना का आभास, ज्योतिष, व तन्त्र—मन्त्र का ज्ञान प्राप्त करवाता है।

सूर्य पर्वत पर त्रिकोण—सूर्य पर्वत पर त्रिकोण मान—सम्मान देने वाला होता है। ऐसे व्यक्ति शिल्प—कार्य, या मकान आदि जैसे कार्य करने वाले होते है।

बुध पर्वत पर त्रिकोण–बुध पर्वत पर त्रिकोण, मनुष्य की वाक्शक्ति को प्रभावित करता है। इनकी वाकशक्ति बहुत अच्छी होती है। ऐसे लोग व्यवसाय करने वाले, वैज्ञानिक या डॉक्टर, होते हैं।

मंगल पर्वत पर त्रिकोण–मंगल पर्वत पर त्रिकोण व्यक्ति को जिद्दी, साहसी, व दृढ़ निश्चयी बनाता है।

शुक्र पर्वत पर त्रिकोण–शुक्र पर्वत पर त्रिकोण होने से मनुष्य का स्वास्थ्य अच्छा होता है। किसी भी कार्य को शीध्र समझने की क्षमता इनमें होती है।

चतुष्कोण

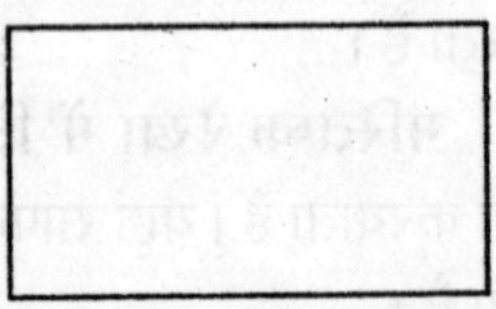

चतुष्कोण मनुष्य के हाथ में खतरे से रक्षा करते हैं। साफ–सुथरी रेखा होने पर यह गुणों में वृद्धि का लक्षण है।

शनि पर्वत पर चतुष्कोण–शनि पर्वत पर चतुष्कोण बिजली, आग तथा बीमारियों से रक्षा करता है।

सूर्य पर्वत पर चतुष्कोण–सूर्य पर्वत पर चतुष्कोण, आंखों की रक्षा तथा बदनामी से रक्षा करवाता है।

बुध पर्वत पर चतुष्कोण–बुध पर्वत पर चतुष्कोण आरोपों से रक्षा तथा लिखने की कला में वृद्धि करता है।

शुक्र पर्वत पर चतुष्कोण–शुक्र पर्वत पर चतुष्कोण उच्च मानसिक शक्ति, अच्छे स्वास्थ्य, तथा परिवार की मदद करने का लक्षण है।

चन्द्र पर्वत पर चतुष्कोण–चन्द्र पर्वत पर चतुष्कोण मानसिक रोगों से बचाव, धार्मिक कार्यों में रुचि, तथा नकारात्मक रवैये में सुधार का लक्षण है।

जीवन रेखा में चतुष्कोण–जीवन रेखा में चतुष्कोण मनुष्य को हारने से बचाता है तथा दुर्घटना आदि से रक्षा करवाता है।

मस्तिष्क रेखा में चतुष्कोण–मस्तिष्क रेखा में चतुष्कोण निर्दोष

अवस्था में होने पर मनुष्य को नये कार्य से लाभ, धन की रक्षा तथा स्वास्थ्य को ठीक रखने में मदद करता है।

हृदय रेखा में चतुष्कोण–हृदय रेखा में चतुष्कोण हृदय रोगों से रक्षा तथा मानसिक रोग से जूझने की क्षमता देता है।

भाग्य रेखा में चतुष्कोण–भाग्य रेखा में चतुष्कोण व्यक्ति को धन से लाभ क़रवाता है और धन की हानि को रोकता है।

18
मणिबंध रेखा

मणिबंध रेखा हथेली में कलाई के ऊपर स्थित होती है। इसे अंग्रेजी में 'ब्रैसलेट' लाइन कहते हैं। हाथ में इसका अपना ही स्थान है। विदेशी विद्वानों ने इस पर बिलकुल ध्यान नहीं दिया परन्तु; भारतीय विद्वानों ने मणिबंध को महत्व दिया और इसे आयु गणना का आधार माना। आपको जानकर आश्चर्य होगा कि नेपाल व तिब्बत में राजा व प्रधानमन्त्री को मणिबंध रेखाओं का ज्ञान होना जरूरी माना गया था।

1. प्रत्येक मणिबंध रेखा को 25 वर्ष की आयु माना गया अर्थात् पूरी मणिबंध रेखा होने पर जातक की आयु 25 वर्ष होगी। अगली रेखा भी साबुत (बिना टूट फूट) होने पर 50 वर्ष। इस प्रकार इस रेखा से आयु गणना की जाती थी।

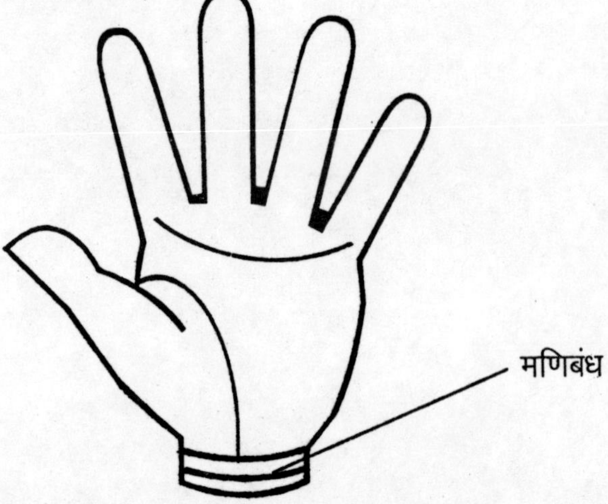

2. मणिबंध रेखा के टूटे–फूटे और भाग्य रेखा के मोटे होने पर व्यक्ति कंजूस होता है।

3. प्रथम मणिबंध रेखा के वलयाकार होने व उसमें छोटे–छोटे द्वीप होने तथा हाथ नरम होने से जातक अपने काम को पूरा कर उसमें सफलता प्राप्त करता है।

3. ज़ंजीराकार मणिबंध रेखा अगर तीन हों तो बहुत शुभ मानी जाती हैं। इन्हें अपने जीवन में कंई बार धन लाभ मिलते हैं।

4. मणिबंघ रेखा के ऊपर त्रिकोण बनने से मनुष्य को वृद्धावस्था में पराया धन मिलता है और सम्मानित भी होता है।

5. पहली मणिबंध रेखा हथेली में धनुषकार बनती हो, और यदि यह रेखा स्त्रियों के हाथ में हो तो, यह संतान पैदा करने में बाधा डालती है।

6. गहरी मणिबंध रेखा वाले जातक आराम से ज़िंदगी बिताने वाले होते हैं।

7. ज़जीरनुमा मणिबंध रेखा होने से, व्यक्ति में बातचीत करने का बहुत शौक होता है।

8. तीनों मणिबंध रेखाएं टूटी ना होने पर व्यक्ति दूसरों की सहायता करने वाला व तकनीकी ज्ञान में कुशल होता है।

9. हाथ सख्त व दो मणिबंध रेखाएं होने पर जातक की शिक्षा में व्यवधान उत्पन्न होता है।

10. मणिबंध रेखाएं टूटने पर व्यक्ति के कार्य में व्यवधान डालती है।

11. मणिबंध क्षेत्र से रेखाएं चन्द्र क्षेत्र पर आने से इन्हें विदेश यात्रा का बहुत अधिक शौक होता है। और अन्य सहायक रेखाएं होने पर यह विदेश भी जाते हैं।

19

कुछ हस्त चित्रों का सामान्य विवरण

हाथ की प्रवृत्ति – नरम
अंगूठा – पीछे की तरफ
रंग– गुलाबी

कुछ तथ्य

यह हाथ एक धनी, समझदार, मेहनती दयावान, कुशल, सुखी दामप्त्य जीवन, जीने वाले एवं निरोगी व्यक्ति का है।

आइये, अब उन रेखाओं का विवरण करे जिनसे पता चले कि व्यक्ति विशेष में इतनी सारी ख़ूबियों का कारण कौन–सी हस्त रेखाएं हैं।

सर्वप्रथम हम देखेंगे कि यह हाथ छूने में कैसा है। छूने में यह हाथ भारी और मुलायम है। इस वजह से यह व्यक्ति हर प्रकार से साधारण लोगों से बेहतर होते हैं। इस प्रकार के मनुष्य राजा, व्यापारी, तथा बड़े घर से सम्बन्ध रखने वाले और शीघ्र ही तरक्की करने वाले होते हैं। ऐसे लोग बौद्धिक कार्य करने वाले होते हैं। यहां पर जीवन रेखा निर्दोष है इसलिए, वृद्धावस्था में कोई बहुत बड़ा रोग नहीं होता। गोल जीवन रेखा होने की वजह से इन्हें मां–बांप का भी पूरा सुख होता है। ऐसी जीवन रेखा अन्य दोषों को भी कम करती है। इनके एक से अधिक व्यापार होते हैं यह बहुत ही उत्तरदायी किस्म के होते हैं। गोल जीवन रेखा के साथ–साथ मस्तिष्क रेखा भी निर्दोष है इसलिए यह पढ़ने में भी चतुर होते हैं। यह जहां चाहें वहां अपना ध्यान लगा लेते हैं। गोलाकार जीवन रेखा में

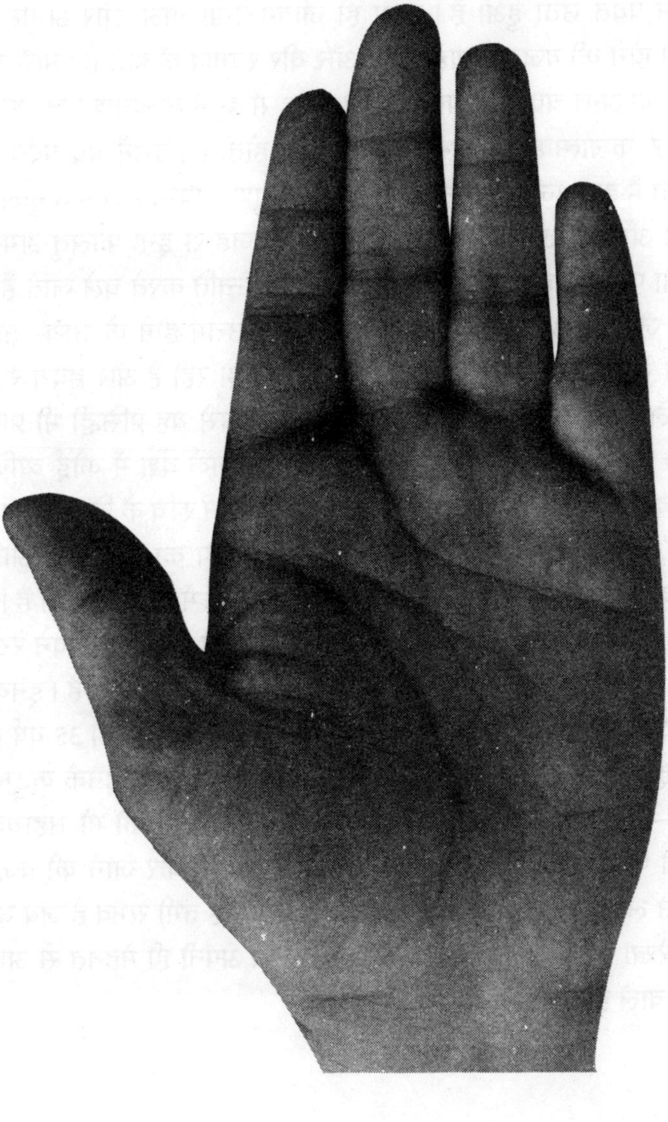

बड़ा त्रिकोण होने की वजह से इन्हें पैतृक सम्पत्ति अवश्य मिलती है।

मस्तिष्क रेखा इस हाथ में मंगल के स्थान से निकल रही है और मंगल पर्वत उठा हुआ है। साथ ही जीवन रेखा गोल, और अंगुलियां सीधी होने की वजह से यह निडर और वीर स्वभाव के होते हैं। मस्तिष्क रेखा का अन्त चंद्र पर्वत पर होने की वजह से इनमें कल्पनाशक्ति, सौम्य विचार, कलात्मकता एवं भावनात्मक बुद्धि होती है। इसमें चंद्र पर्वत भी उन्नत है इस वजह से मिलनसार व मानव गुण सम्पन्न होते हैं अंगुलियां सीधी और अंगूठा पीछे की ओर जाने की वजह से इन्हें फालतू झगड़ा करना पसन्द नहीं होता। यह दिन प्रतिदिन उन्नति करते चले जाते हैं।

जैसाकि आप चित्र में देख रहे हैं हाथ उत्तम होने के साथ–साथ हृदय रेखा इस हाथ में शनि के नीचे समाप्त हो रही है और हृदय रेखा अंगुलियों से दूर व मस्तिष्क के पास में है जिससे यह प्रसिद्धी भी प्राप्त करते हैं। दोनों हाथों में यह लक्षण होने पर इनके वंश में कोई व्यक्ति अन्नदान करता है या लंगर आदि लगाता हैं। धर्म में रुचि के लिए मस्तिष्क रेखा में कोई न कोई दोष होना जैसे–उसमें द्वीप का आ जाना, आदि अनिवार्य है जो कि थोड़ा सा इनकी मस्तिष्क रेखा में भी पाया गया है।

भाग्यरेखा इस हाथ में जीवन रेखा से निकल रही है व जीवन रेखा गोल है। साथ ही हाथ उत्तम होने पर यह आत्म विश्वासी होते हैं। इनका अधिकांश चरित्र इनके अपने मस्तिष्क से नियन्त्रित होता है। 35 वर्ष के बाद इनकी आर्थिक स्थिति और अच्छी होने लग जाती है। इनके कुटुम्बी माता–पिता थोड़े लालची स्वभाव के होते हैं। इन्हें उनकी भी सहायता करनी पड़ती है। भाग्यरेखा जीवन रेखा से निकल कर जाने की वजह से ऐसे लोग एक साथ कंई काम करते हैं। पर यह तभी संभव है जब यह भाग्यरेखा शनि पर रुके इनके वंश में सब ही अपनी ही मेहनत से आगे बढ़ने वाले होते हैं।

20

एक महिला के हस्त चित्र का सामान्य विवरणः कुछ तथ्य

हाथ की प्रवृत्ति – ना सख्त ना मुलायम
अंगुलियां – पीछे की तरफ (झुकी हुईं)
अंगूठा– पीछे की तरफ (झुका हुआ)

जैसा कि आप इस चित्र में देख रहे हैं, जीवन रेखा के साथ एक अन्य जीवन रेखा सटी हुई है और इन्हें आड़ी रेखाएं काट रही हैं। इस प्रकार के लक्षण होने पर उस वक्त धन की कमी, पेट के रोग हो जाते हैं। दोनों हाथों में इस प्रकार का लक्षण होने से हृदय रोग की संभावना रहती है और गर्भाशय सम्बन्धी दोष होता है।

आप देख रहे हैं यहां मस्तिष्क रेखा में भी दोष है। यह मासिक धर्म में विकार पैदा करती है।

यहां मस्तिष्क रेखा शाखा युक्त है। यह बहुत ही अच्छा लक्षण है। इनमें प्रेम व सौहार्द की भावना पाई जाती है व कर्त्तव्य शनि अधिक होती है स्पष्टवादिता के कारण इनका स्वभाव दूसरों से नहीं मिलता, फलस्वरूप इन्हें विरोध का व आलोचना का कारण भी बनना पड़ता है। अंगूठा लचीला होने की वजह से विरोध की भावना थोड़ी कम हो जाती है। ऐसी महिलायें चालाक नहीं होती। सीधी तथा स्पष्टवादी होती हैं। इन्हें गुण अर्जित करने की इच्छा लगातार बनी रहती है। यह किसी भी बात को बहुत अधिक महसूस करने वाली होती है। उच्च शिक्षा प्राप्त करती है। शाखा युक्त मस्तिष्क रेखा होने से पति तकनीकी कार्य में होता है। ऐसी स्त्रियां घर

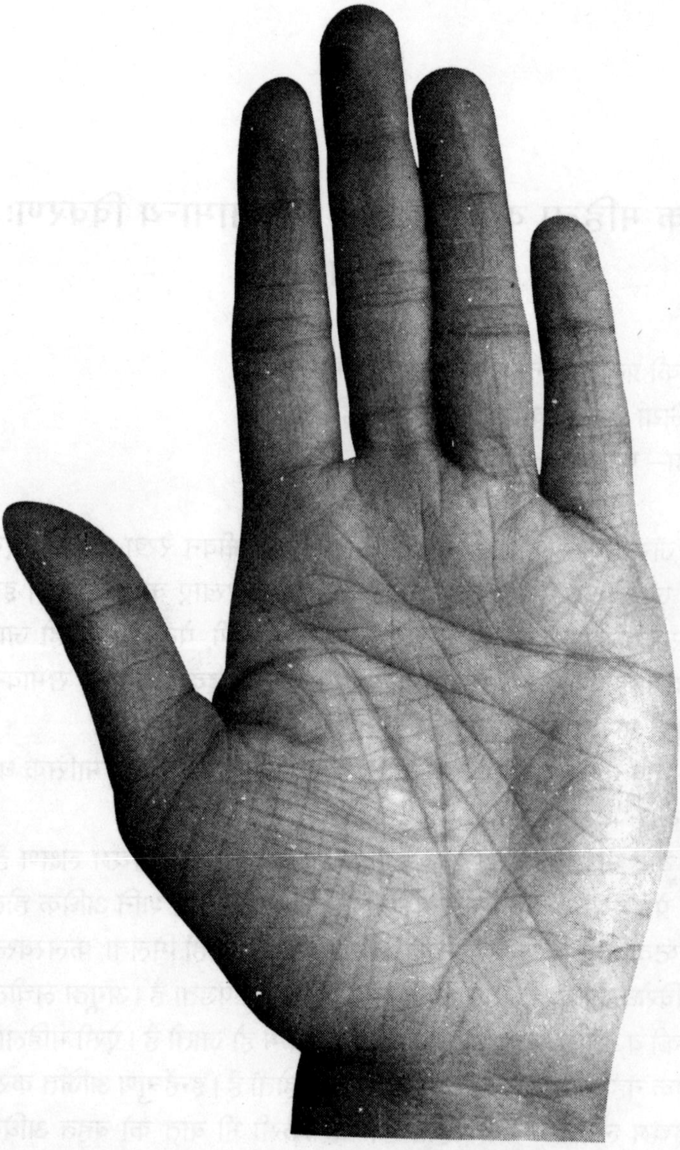

बनाने वाली, अपने बच्चों पर बहुत ध्यान देने वाली व समझदार होती हैं।

हृदय रेखा इस स्त्री के हाथ में गुरू पर्वत को देख रही है। अंगुलियां लम्बी हैं जिसके कारण इनमें मनुष्यता अधिक होती है। यह नहीं चाहती कि इनसे ऐसा कार्य हो जो दूसरों को अच्छा न लगे। ऐसी स्त्रियां विवाह के बाद उन्नति करती है। पति–पत्नी में झगडे कम होते हैं क्योंकि यह एक दूसरे का ख्याल रख कर चलते हैं।

भाग्य रेखा जीवन रेखा से निकल रही है और जीवन रेखा के साथ एक सटी हुई पतली सी अन्य रेखा चल रही है। अंगुलियां लम्बी हैं ऐसी स्त्रियां परोपकार का कार्य अवश्य करती हैं और प्रतिष्ठा को सबसे अधिक महत्व देती हैं। ये किसी से दब कर कार्य नहीं करती मस्तिष्क रेखा थोड़ी दोषपूर्ण है पर भाग्य रेखा ठीक है जिसकी वजह से धन तो आता है परन्तु हानि या व्यय के कारण बचा नहीं पातीं।

भाग्य रेखा, जीवनरेखा, और मस्तिष्क रेखा में त्रिकोण होने की वजह से इन्हें पैतृक सम्पत्ति भी मिलती है। पर जीवन रेखा में दोष होने की वजह से इन्हें विशेष लाभ नहीं मिल पाता।

शनि और सूर्य को छोड़कर सभी ग्रह सामान्य हैं जिसकी वजह से कुछ समस्याएं रहते हुए भी इनका जीवन सुखी रहता है और ये जीवन में सफल रहती हैं।

21

एक अपराधी के हाथ का संक्षिप्त विवरण

हाथ की प्रवृत्ति – सख्त
अंगूठा– आगे की तरफ (झुका हुआ)
रंग – लालिमा युक्त

जैसा कि आप इस चित्र में देख रहे हैं रेखाएं कम हैं, अंगूठा आगे की तरफ है, गुरू की अंगुली, सूर्य की अंगुली, बुध की अंगुली टेढ़ी है, व हाथ का रंग लाल है। इस प्रकार के लक्षण होने पर व्यक्ति में सहनशीलता की कमी होती है और विरोध का सामना करना पड़ता है। छोटी सी बात होने पर झगड़े की नौबत आ पहुंचती है। ऐसे व्यक्तियों का सभी से विरोध रहता है। मां–बाप से भी विचार नहीं मिलते। ऐसे व्यक्ति के मां–बाप लोभी होते हैं। हाथ का रंग लाल और अंगूठा आगे की ओर होने की वजह से इनमें क्रोध व उग्रता अधिक होती है। इनमें कोई न कोई कुटेव जैसे शराब पीना आदि अवश्य पाया जाता है ऐसे व्यक्ति जीवन में निराशापूर्ण रहते हैं। धन कमाने के लिए यह अधिक ध्यान देते है जिससे यह गलत कार्य जैसे चोरी करना, चैन छिन लेना, डरा धमका के पैसे ले लेना आदि गलत साधनों का प्रयोग करते हैं। इन्हें संघर्ष भी अधिक करना पड़ता है। भाग्य रेखा के छिन्न–भिन्न होने की वजह से जीवन में रूकावटें बहुत आती हैं तथा इस रेखा के छिन्न भिन्न होने से लक्षण जेल योग भी बनाते हैं। ऐसे लोग अनैतिकता से धन कमाने की चेष्टा करते हैं। अपना काम निकालने के लिए ऐसे व्यक्ति उचित–अनुचित सब प्रकार के उपायों का प्रयोग करते हैं।

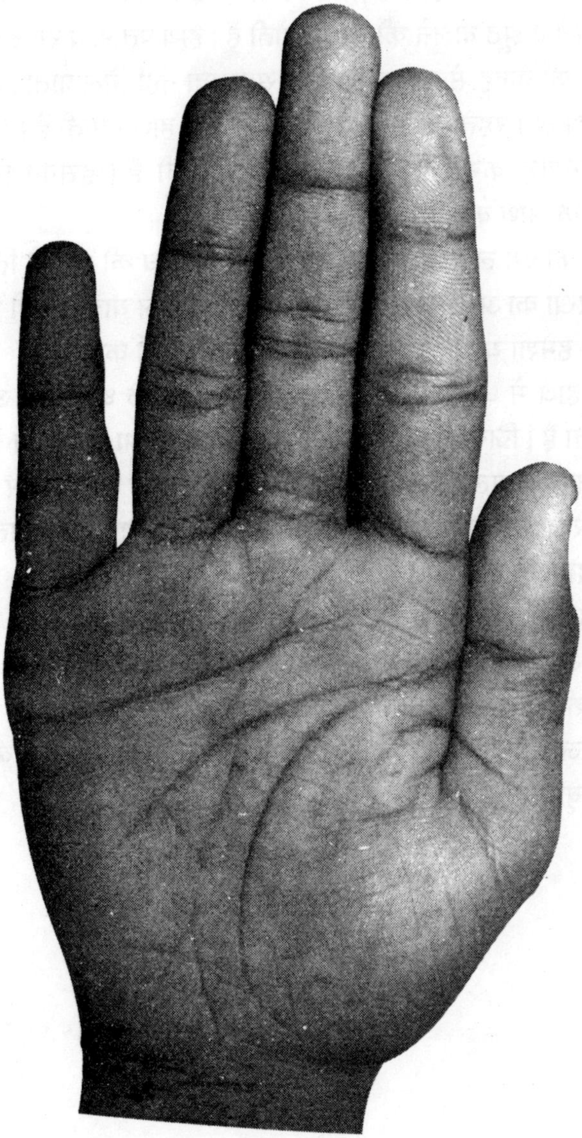

मस्तिष्क रेखा निर्दोष होने की वजह से ये दूसरों की तारीफ करने में व फसाने में माहिर होते हैं। बचपन से ही इनमें बिना किसी बात के झगड़ा करने व झूठ बोलने की आदत होती है। हाथ पतला व रंग लालिमा युक्त होने की वजह से इन्हें जीवन भर सफलता नहीं मिल पाती। अनेक झंझट साथ लगे रहते हैं। अन्त में असफलता ही हाथ लगती है। हाथ में रंग का निर्णय करने में काफी कठिनाई होती है। इसका निर्णय सवाधानी के साथ करना चाहिए।

हाथ का रंग लालिमा युक्त, अंगुलियां टेढ़ी, बुध की अंगुली तिरछी, मस्तिष्क रेखा का अन्त मंगल पर होने की दशा में जेल यात्रा करनी पड़ती है। कारण हमेशा यह होता है कि ये असमाजिक कार्य करते हैं।

इस हाथ में ध्यान से देखें थोड़े से काले रंग के धब्बे हैं व अंगूठा कम खुलता है। जिसकी वजह से दूसरों के प्रभाव में आ कर इनमें चरित्र दोष आ जाता है गलत संगति की वजह से यह जीवन बरबाद कर बैठते हैं। भाग्य रेखा मस्तिष्क रेखा पर रूकने की वजह से यह एक गलती को कंई बार दोहराने वाले होते हैं।

हृदय रेखा अन्य रेखाओं की अपेक्षा देखने में मोटी है व हाथ सख्त है, अंगूठा आगे की तरफ है। जिसकी वजह से यह निर्दयी, लोभी, तथा लोभ के वशीभूत होकर गलत कार्य करने वाले होते हैं। हाथ का रंग लाल होने की वजह से क्रोधी होते हैं तथा अन्य कई लक्षण होने से ऐसे व्यक्ति अपराधी प्रवृतियों वाले होते हैं।